改訂版

教師のための
Excel VBA
活用法

Excelを200%活用する！
初級者のステップアップ読本

井上 豊 著

明治図書

まえがき

　パソコンに象徴される情報化の進展により，社会環境は勿論として，取り巻く生活環境の隅々までが今大幅に変わろうとしています。私たちは18世紀「産業革命」に対峙する「情報革命」の真っ只中に身を置いていることを，まず自覚しなくてはなりません。前者が今日に続く「資本主義社会」を生み出したように，後者は未来につながる「情報社会」を生み出し始めたようです。ところでこの情報化は，情報技術の発展とそれを活用する人々のスキルアップによって実現されるものです。企業においては，「利潤追求」という明白な目標のもと，まさに存亡をかけた真剣さで情報化に取組んできました。「システム課」等の新しい部署を立ち上げるなど，大掛かりな組織再編を通じて，情報専門職の人材育成を積極的に行ってきました。その成果として，専門職がシステムを開発し，一般社員がそれを利用していく，いわば「情報活用の分業体制」が確立され，効率的な情報処理体系が定着しました。

　それに対して学校現場はどうなのでしょうか。企業における「専門職がリードする分業体制」と同様なものは，学校現場においては確認することはできません。許容の範囲を広げて「似たもの」にしたところで，見つけ出すことは不可能です。個別の研修等はあったものの，組織としてコンピュータ専門職を育てるような施策はまったくなかったからです。「パソコンが得意な先生」が，あくまで個人的に業務を遂行していく，こうした善意の積み重ねの上に，学校現場の情報化は成り立っているのです。パソコンが得意な先生の多くいる学校では情報化がスムーズに進展するのに対し，そうでない学校では遅々として情報化が進まない現状が，そこにはあります。いわゆる情報格差の問題です。さらに，A先生がいなくなったらシステムは利用できなくなる等，企業では考えられないような事態が当たり前のように見られるのです。もちろん，教育を行う場としては，効率だけを優先して何から何までIT化する必要はないことは，言うまでもありません。ただ業務の効率化を通じて得られる果実も多いはずで，それが最終的には児童・生徒に還元されることを考えると，簡単に看過できない問題になっています。

　本書はそうした現状の改善を目指し，1人でも多くの教職員を情報専門職の側に組み入れることを考え企画しました。つまり情報化の恩恵を，どの学校でも等しく受けられるように，「分かりやすさ」と「身近さ」にとことんこだわり，広く教職員のIT活用能力の向上を目指したものです。学校業務に関わる例題を多く配置するなど内容の精選を通じ，すぐに役立つ知識・技術の習得を目指しました。よって，本書は少数のパソコン上級者を対象にした専門性を高める本ではありません。より多くの教職員に対して，基礎的なデータ処理のテクニックを身につけていただくことを目標にした手引書であります。各学校が等しく情報化の恩恵を受けることを強く願いつつ，本書の執筆にとりかかったことをご理解ください。

　2015年12月

井上　豊

contents

まえがき 2

第1章 教育の情報化とExcel VBA

1-1 教育の情報化 6
  1　2つの情報化 6

**1-2 学校現場に直結した
パソコン利用** 7
  1　パソコン活用とExcel VBA 7

**1-3 VBA マクロによる
処理体系の刷新** 8
  1　Excelの先にあるもの 8
  2　求められる簡潔明瞭なマクロ 9

1-4 シンプル イズ ベスト 10

第2章 Excel VBAの概要

2-1 VBA・マクロの基礎知識 12
  1　プログラミング言語としてのVBA 12
  2　マクロ 13
    プログラムとしてのマクロ／VBE（Visual Basic Editor）によるマクロ作成

2-2 VBA マクロでできること 15
  1　生徒（児童）名簿から個人情報を
取り出すマクロ 15

  2　データを転送するマクロ 16
  3　集計表から個票を作成するマクロ ... 17

2-3 VBA マクロ作成の手順 18
  1　「成績票作成マクロ」の作成手順 ... 18
    どのようなマクロを作ればよいのか考える／Excel画面の設計（デザイン）／VBEを使ってマクロを作成／マクロ実行ボタンを配置／テストラン

第3章 マクロ作成の実際

3-1 マクロ作成のための準備 22
  1　開発メニューの追加 22
    Excel2010・2013の場合／Excel2007の場合／Excel2003の場合
  2　列番号の変更 26
    Excel2010・2013の場合／Excel2007の場合／Excel2003の場合

3-2 マクロ基本例題 30
  1　データ転送マクロ1 30
    処理内容／処理の手順

  2　データ転送マクロ2 37
  3　データの連続転送マクロ 38
    処理手順／VBEのコードウィンドウにマクロを貼り付ける／ボタンを配置し，マクロを割り当てる
  4　DVDレンタル料金算出マクロ 41
    「1日以内」のレンタル料金を求めるマクロ

3-3 ステートメントの意味と役割 ... 45
  1　If ステートメント 46
  2　Do until 〜 Loop ステートメント .. 49

3 For 〜 Next ステートメント 51
4 Set ステートメント 52
5 Printout ステートメント 52

第4章 実践的マクロ作成

4-1 部員照会システム 54
シートの設計／マクロの作成／コードウィンドウへの
コード貼り付け／ボタンの配置とマクロの割り当て

4-2 部員表示システム 61
シートの設計／マクロの作成

4-3 成績表示システム 65
シートの設計／マクロの作成

4-4 成績票作成システム 71
シートの設計／マクロの作成

4-5 教科研究会の会計管理 79
シートの設計／マクロの作成

4-6 教科研究会の会計管理（応用） 83
シートの設計／マクロの作成

4-7 出席点呼のマクロ 86
1 班員表示のマクロ 86
2 点呼確認処理のマクロ 89

4-8 提出物チェックシステム 93
1 提出者登録マクロ 95
シートの設計／コードの記入

2 未提出者表示のマクロ 99

**4-9 体育館利用の
スケジュール管理** 103
1 予約実行のマクロ 104
2 予約確認のマクロ 106

4-10 調査書作成システム 110
シートの設計／マクロの作成

**4-11 調査書作成のマクロ
（指定印刷）** 115
マクロの作成

4-12 マクロ作成の留意点 121
システム設計について／誤り対策について

**4-13 総合問題
（運動会の得点集計マクロ）** 123
システムの概要／処理条件／標準的なマクロ

4-14 サンプルマクロ 126
1 出張旅費の精算マクロ 126
処理の概要

2 図書館の蔵書管理のマクロ 131
処理の概要

あとがき 135

注）Microsoft Windows，Office，Word，Excel およびその他本文中に記載されているソフトウェア製品の名称は，すべて関係各社の商標または登録商標です。

本書は著者が実際に操作した結果を慎重に検討し，著述・編集しています。但し，記載内容に関わる運用結果につきましては，責任を負いかねますので，ご了承ください。

本書は Excel2003／2007／2010／2013に対応しています。本書で紹介している各操作の画面は，Windows 7（日本語版）と Excel2010（日本語版）を基本にしています。他の OS や旧および最新バージョンの Excel をお使いの環境では，画面デザインや操作が異なる場合がありますので，ご了承ください。

第1章 教育の情報化とExcel VBA

　第1章では学校現場でのIT化の流れとその問題点について考えます。

　職務の合理化が存続の重要なファクターになっている一般企業に比べ，学校でのIT化の動きはきわめて緩慢であると言わざるを得ません。情報処理の専門部門および要員を特別に配置できないといった，いわば構造的な制約があるものの，IT化の大きなうねりは，容赦なく今まさに学校を飲み込もうとしています。教員一人ひとりが，情報についての利用技術をしっかり身につけ，主体的に対処することが今こそ求められています。本章ではExcel VBAの活用を通して，それらを実現していく方法について述べていきます。

1-1 教育の情報化

1　2つの情報化

　教育の情報化が広く語られるようになりました。この情報化は，2つの側面を持っているように思えます。1つは情報関連技術をどのように教えていくのか，いわば「教育内容の情報化」，もう1つは校務の軽減，合理化を図るといった「業務改善の情報化」ではないでしょうか。対象としているのは前者が子ども達，後者が教職員であることは言うまでもありません。物心ついた頃からパソコンに触れてきた現代の子ども達は，IT化の流れに柔軟に対応し，構えることなくごく自然にITとの接合面を広げています。対する教職員は，迫りくるIT化の波を強く意識するものの，微動だにせず対岸から傍観しているイメージが想起されます。「IT化は，パソコンのできる人に任せておけばよい」を口実に，IT化の流れから一歩も二歩も身を引いている教職員を多く見かけます。結果として，IT化を業務改善等に役立てようとする教職員は依然として少数のままであり，遅々として進まない「校内の情報化」の要因をそこに見る気がします。

　他の先進諸国に比べ出遅れ感の強かった日本のIT化ですが，近年高速通信網などのインフラ整備が進展したことで，少なくともハードウェアに関しては他国に遅れをとらない水準に達したと感じるようになりました。ところが，それを利用するソフトウェアとなると，旧態依然とした非効率な慣習が障壁となって，スムーズに浸透できない分野もまだ多く残されています。その象徴が小・中・高校の校務処理であると言っても，決して過言ではありません。「個に応じた教育」が叫ばれ，生徒一人ひとりにきめ細やかな教育が求められる学校において，IT化の恩恵を享受できない教職員には，長時間労働の選択肢しか残っていないように感じることもあります。

　ハードウェアは導入コストさえ惜しまなければ，それなりの装置を取り揃えることは容易です。しかし，それを利用していくソフトウェアとなると，コストをいくらかけようと一朝一夕に構築できるものではありません。多くの教職員は，IT活用の重要性を認識しつつも，直近に処理しなければならない日々の雑務に追われ，身をのりだすことなくIT化を傍観しているのが正直なところではないでしょうか。しかし，いつまでもIT化の流れを留保していくことはできません。「パソコンはできる先生に任せておけばよい」時代から，「誰もがパソコンを活用する」時代に確実に移り進みます。あるいは移り進まなくてはならないのです。IT化の流れはますます勢いを増し，学校現場を容赦なく包み込み，IT活用能力が教育活動における必須アイテムになる日もそれほど遠いことではないでしょう。

　こうした流れに，積極的かつ主体的に立ち向かうべき有効な手段にExcel VBAがあることをここに提案します。まずはExcel VBAを知っていただくことが，IT化のすべての始まりであることを，本書通じて発見していただくことを期待します。

1-2 学校現場に直結したパソコン利用

1 パソコン活用と Excel VBA

　学校現場での IT 活用の領域を広げるという目的を持って，Excel VBA（エクセル ブイビーエイ）を取り上げることにしました。日々煩雑な校務を抱えるゆえ，できるだけ少ない負担で容易に，しかも興味を持って Excel VBA が身につけられないものか，この点を重視して構成したのが本書です。

　パソコンを利用している教職員は近年増えました。文書作成は Word（ワード）で行い，成績処理などは Excel（エクセル）で行なうのはもう普通のことでしょう。特に成績処理における合計・平均の計算・順位付け，あるいは各種グラフ作成などを通じ，Excel の便利さを実感しているところだと思います。おそらくその便利さを一度知ってしまうと，電卓やそろばんに戻ることは決してないでしょう。

　ところで，この Excel の先に何があるのでしょうか。それが，本書が取り上げる Excel VBA なのです。成績処理の例で話を進めますと，Excel を使って成績一覧表を作ったとします。このあとは，通知票を作成していくことになりますが，この作業もパソコンを利用しているでしょうか。もう少し具体的に言えば，パソコン画面のボタンを押すことで，全員分の通知票が次々と印刷されていくようなシステムを利用しているでしょうか。それとも通知票は従来通り，手書きのままでしょうか。手書きが与える「温もり」などプラス面を考え，あえて煩雑な仕事に精を出す教職員も少なくないと思いますが，ボタン1つで完了してしまう便利さの恩恵を他の教育活動に振り向けるなら，もっと多様な「温もり」を発信することも可能です。まさに，Excel VBA が目指す目的はそこにあります。もちろんそれは成績処理に限ったことだけではありません。本書を読み進めていただければ，Excel VBA の適用範囲がいかに広いか，しかも非常に簡単にそれが実現できることが分かるはずです。

　Excel VBA に関する書物は多数出ていますが，その中には，あまりに文法的で，実際の仕事においてどのように活用していったらよいのか分からないものも多くあります。あるいは，「あれもあります，これもあります」の網羅的記載で，実務ではほとんど使わない特殊技術に多くのページを割いている百科事典的書物もあります。また「木を見て森を見ず」のまま，深い森に迷い込ませてしまう書物も残念ながらあります。

　本書は，校務のいろいろな場面で，専門的な知識がなくても広くパソコンを活用していく「基礎能力」を培うことに，最大限の工夫を凝らしました。ですから本書をふつうに読み進めていくなら，Excel VBA がいつの間にか身につき，パソコン応用力の高まりが実感できるはずです。Excel VBA を通じてソフトウェア能力の向上を目指すことは，「校内 IT 化」にとって理にかなった最も効率的な方法であることは言うまでもありません。

1-3 VBAマクロによる処理体系の刷新

1　Excel の先にあるもの

　Excel は非常に便利な表計算ソフトです。あらかじめ，合計・平均，順位付け等の計算式や関数をセルに設定しておけば，データを入力すると同時に結果が表れます。簡単なうえに正確で速いことが，多くの人が利用する理由の1つでしょう。ところで，これで万全かというと，まだ物足りないところがいくつかあります。たとえば，ワークシートのデータを1件ずつ取り出して別のワークシートに転記していくような作業では，人の手を借りることが多くなります。学校の仕事で言えば，成績一覧表から生徒個人の通知票を作るような場合です。成績一覧表を作るまでは Excel でスムーズに仕事が進んだのに，これを通知票のシートに移す段になってからは，Excel をどのように利用していったらよいか戸惑う場面が多くなります。そこで Excel の利用を諦め，以後の仕事をすべて手作業にしてしまう人も多いようです。つまり成績一覧表を見ながら，通知票に1枚1枚手書きで記入していくのです。私の経験では，通知票の評価に数字印を押していました。インクが滲まないように，そして何よりも間違えないようにたいへん神経を使う仕事でした。手書きのコメントが済むまでは集中力を維持せねばならず，長時間の仕事は心身ともに疲れました。

　こうした煩わしい仕事をすべてパソコンに置き換えることができたら，何と素晴らしいことではないでしょうか。「成績一覧表の評価を通知票へ転記」・「通知票の印刷」等の一連の作業が即時にできるのは勿論として，転記ミスが大幅に減ることも大きな利点です。コメントの類も書き換え自由ですし，もちろん部分コピーも可能です。とにかく，通知票作成をパソコン処理に置き換える恩恵は，私たちが考える以上に大きなプラス効果を生みだすのです。

　これから取り上げる Excel VBA こそが，こうしたことを実現してくれる，最も確実で有効な手段なのです。もう少し詳しく言えば，Excel VBA によるマクロこそが，パソコンによる通知票作成を可能にする実体なのです。唐突にマクロという言葉を使いましたが，ここでは「自動処理」という言葉に置き換えて理解していただけば結構です。マクロは，人に代わって各種の仕事を自動的に処理することから「自動処理」とも呼ばれているからです。

　さて，この VBA マクロの作り方を具体的に提案していくのが，本書の主な内容です。「VBA」とか「マクロ」という言葉を初めて耳にした方には，戸惑い・不安を覚えるかもしれませんが，本書を通じてその実体を体感していただけるなら，IT化の頼もしい手段として，きっとより身近な存在になることを確信しています。次章では，もう少し Excel VBA を掘り下げて，その具体像を明らかにしていくことにします。

2　求められる簡潔明瞭なマクロ

　VBAは，Excelのようにその都度操作を介在させなくても，ボタン1つで複雑な処理を行なってくれます。一度その便利さを知ってしまうと，すべての業務をVBAに置き換えたくなるほどです。しかし問題は，このVBAのマクロを上手く操れる人が，学校の中にあまりいないことです。便利で利用価値が高いのに，それを操る要員が絶対的に不足している，厳しい現状があります。VBAのマクロは，Excel・Wordなどのアプリケーション内でのみ実行可能ですが，C言語のプログラムなどと同じく正真正銘のプログラムです。ところで「プログラムは，高度な専門知識と豊富な経験を持ったプログラマーが手掛けるもの」のイメージは広く定着しているのではないでしょうか。こんなことも影響してか，VBAを学習し，自分のものにしている人は極めて少数です。著者は長く高校の教員をしていたので，このあたりの事情についてはよく分かっています。成績処理など校務関連のマクロをいくつか作ってきましたが，最初の頃は自分以外にVBAを操れる人がいないのには困りました。トラブルがあったときの対応は覚悟していたものの，簡単なデータ処理でさえも，こまごまとした指示を出さねばなりませんでした。転勤した後も，前任校からマクロ関連の質問や相談などを多く受けました。なぜ，学校現場でこれほど求められているにも関わらず，VBAを操る人が増えていかないのでしょうか。それは繰り返しますが，結局のところ「VBAの敷居が高すぎる」ことにあります。とにかくVBAは難解でとっつきにくいもの，生半可な気持ちでVBAに手を出しても何にも成果は上げられない，等々のイメージが定着しているからです。学習を進めるうちに難解なプログラムに出くわすことも多く，恐れをなしてVBAから手を引いた人を少なからず知っています。VBAを取り巻く環境は，依然としてかような状態が続いていると言えるでしょう。

　ところでVBAはなぜ難解なのでしょうか。あるいは難解なものが本当に求められているのでしょうか。さらには，難解ではないVBAがあるとするなら，そのVBAでは不十分なのでしょうか。これらの疑問に対し，筆者が考える理想的なVBAを提示することで答えていくことにします。最初に，多くの人たちが利用するVBAマクロは，作成者（プログラマー）の手を離れた瞬間から利用する人たちの共有の財産になることを，まず理解すべきです。少なくとも校務で多くの教職員が利用するVBAマクロはそうあるべきです。ゆえに共有財産としての要件を満たしたものこそが，真に求められる，価値あるマクロになるのです。すなわち，(1)簡潔明瞭で親しみやすいマクロ　(2)誰でも容易に改良・変更を加えられるマクロ　(3)トラブルが生じてもすぐに解決できるマクロ　(4)皆が知恵を出しあい，より良いものにステップアップできるマクロ　等が，何にも増して大切なのです。ここにおいて，難解で複雑なマクロなど出る幕はないのは言うまでもありません。簡潔明瞭で親しみやすいVBAマクロこそが，いま学校現場では強く求められているのです。さらに言えば，こうしたVBAマクロを通じて，校内のIT化を一気に進展させることも決して不可能ではないのです。

1-4 シンプル イズ ベスト

　一般的な Excel VBA の書物を読むと，そこには膨大な知識が盛り込まれています。当然，マスターしなければならないものも多く，いつまで経っても見えてこぬゴールに見切りをつけ，学習放棄した人は少なくないはずです。ところで，校務でマクロを活用する場合，そんなに膨大な知識を必要とするのでしょうか。何種類ものステートメントや関数など，本当に必要なのでしょうか。これは，私自身が実際にマクロを作っていく中で感じたことなのですが，経験を積むほど，作るマクロはシンプルになってくるのです。数多くあるステートメント・関数の中から，本当に使いやすい小数に絞り込んで，それらを上手く組み合わせて作るマクロは，結果としてシンプルで分かり易いのです。逆の見方をすると，経験が浅くプログラミングに自信がないと，それを穴埋めしようとして，使えそうなステートメント・関数を手当たり次第に盛り込んでしまうのです。結果として多くの人が頭を捻るような，複雑怪奇なマクロが生まれることになるのです。繰り返しますが，技でカバーするなら，少ないステートメントで分かりやすく，しかも後で手直ししやすいマクロが簡単にできるのです。まさに，マクロは「シンプル　イズ　ベスト」の典型と言ってよいでしょう。

　本書は「学校現場における Excel VBA の活用」という目的に限定し，前述の「シンプル　イズ　ベスト」を編集の基本方針にしました。マクロを作成する上での命令語であるステートメントは，主要なもの5種類に限定しました。たった5種類の命令で何ができるのか，不安に思われる方もいらっしゃるかもしれないですが，これで十分なのです。実際の例題を見ていただければ，きっと納得していただけるものと思います。したがって必死に覚えなくてはならないものは，ほとんどないと言ってよいでしょう。あとは実践的な応用力を培うことだけに集中すればよいだけです。前口上ばかりでも説得力はありませんので，いよいよ本題の VBA マクロの具体的内容に入っていくことにします。

●**本書で取り上げるステートメント**

ステートメント	If	Do	For
	Set	Printout	

　なお，各ステートメントの詳細は「3-3　ステートメントの意味と役割」（p.45〜）で説明していきます。

第2章 Excel VBAの概要

　第2章では，Excel VBAとは何かを学びます。

　これから，マクロ，コード，ステートメント，VBA，VBEなど，今まであまり聞いたことのない用語がたくさん出てきます。

　ここでは，そうした用語の基礎について最低限必要となる知識を身につけます。この章の学習だけでは，ことによっては言葉だけが上滑りしていて，「だからなんなんだ」と疑問も生じるかもしれませんが，次章以降学習を進める中できっと本章の重要性を再確認していただけると思います。単調な用語解説が続きますが，押さえるところはきちんと押さえて，辛抱強く読み進めてください。

2-1 VBA・マクロの基礎知識

　VBA マクロ作成の前に，そもそも「VBA」や「マクロ」とは何なのか，その基本的知識を得ておきましょう。

1　プログラミング言語としての VBA

　VBA（ブイ・ビー・エイ）は，「Visual Basic for Application」の略が示すように，マイクロソフト社が提供している「**Visual Basic**（ビジュアル・ベーシック）」をベースに開発されたプログラミング言語のことです。その目的は，Windows ソフトウェアをより簡単に，かつ効率的に利用できるようにすること，さらにはより高度で広範な応用への誘導です。Windows ソフトウェアの中でも特に Excel に限定し，その目的を実現させていくのが本書で取り上げる Excel VBA です。

　Excel では，データの合計または平均を求めるときには，対応した計算式や関数を組込まなければなりません。またデータの一部を取り出して加工し，別のワークシートに転記するときには，進行に合わせて適切な操作をその都度介在させなければなりません。そんな時，VBA を使ってあらかじめ処理する内容を Excel 画面上のボタンに組込んでおくなら，そのボタンをクリックすることで，すべての処理が自動的に行われます。処理する内容をパソコンに組込むことをプログラミングと言いますので，VBA はプログラミングを実行するための「指示言語」ということになります。先に述べたプログラミング言語とは，この「指示言語」のことを意味しています。

　ところでプログラミング言語としての VBA ですが，日本語に近ければ何かと便利なのですが，残念ながら英語をベースにした数式表現になっています。これは前からあった「BASIC（ベーシック）」というプログラミング言語を基にして生まれているからです。独特の表現方法や文法ルールがあって最初は戸惑いますが，慣れてくるとたいへん手軽で使いやすいものです。理由は他のプログラミング言語に比べコンパクトであり，表現方法が簡潔明瞭だからです。簡潔明瞭な点は，本書を進める中で実際に証明されると思います。なお，VBA で表現された，1つ1つの命令を**ステートメント**と言います。英語で言えば「MOVE」や「PLAY」などの動詞に当たるものですが，本書はこのステートメントを5種類に絞り込み，上手く組み合わせることでプログラミングを実現していきます。

　なお，本書は VBA 初級本であるので詳しい説明は省きますが，VBA は Excel，Word，Access（アクセス）などマイクロソフト（Microsoft）社の「Office」製品に共通して使用できることも，その特徴の1つとして心に留めておいてください。

2 マクロ

(1) プログラムとしてのマクロ

　マクロとは，プログラミング言語 VBA で記述された実行手順のことを指します。マクロを内蔵したパソコンは，画面上の命令ボタンをクリックさえすれば，細かい操作をすることなく目的とする処理が実行されます。それは，パソコン内部で専用ソフトが働いて，マクロを解読・実行するなどの指示をハードウェアに出してくれるからです。

　下の図は「提出者登録」と名付けたサンプルのマクロです（各コードの説明は省きます）。ここで使用しているプログラム言語が VBA であり，その VBA で書き表された処理手順がマクロということになります。したがって，VBA はあくまでマクロを表現する手段に過ぎないのです。同様な働きをするものに C や COBOL などがありますので，当然 C を表現手段にしてプログラム（マクロ）を組むことも可能です。しかし VBA は C よりも簡潔明瞭な上に，Excel に対して直接的な働きかけできる点で，Ecxel ベースのデータ処理には最適と言えます。

●**VBA とマクロの関係**

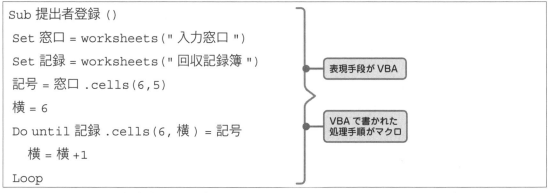

　マクロは処理すべき内容の実行手順であると説明しましたが，同じく実行手順であるプログラムとの間に違いはあるのでしょうか。マクロは Excel や Word の中で実行するのに対し，C や COBOL などのプログラムは単独で実行できる点に大きな違いがあります。しかし両者とも，パソコン内に命令を仕組んで実行する「命令内蔵方式（ストアード プログラム システム」を実現していることから，広い意味で同種と考えてよいでしょう。したがって，マクロを作っていくことを「プログラミング」，作る人を「プログラマー」と言って何ら差し支えないと思います。ゆえに，本書を通じて「プログラマー」としての知識・技術を身につけていくことになりますので，ここにおいて明確な目的意識を確立されることを希望します。学習を進める中で，有能なプログラマーが1人でも多く誕生していくことを筆者なりに期待しているところです。

（2）VBE（Visual Basic Editor）によるマクロ作成

　VBAによるプログラミング作業は，VBE（Visual Basic Editor）というツールの上で行います。VBEの「E」が意味するEditor（エディタ）は，一般的には各種ファイルを編集するソフトウェアのことです。つまりVBAのマクロは，VBEのいろいろな編集機能を利用しながら作成していくことになります。1字違いの紛らわしいVBAとVBEですが，その違いは重要です。マクロを作成するには，まずVBEを起動させることから始めると理解してください。それではVBEの起動方法について説明します。

① 　最初にExcelの画面を開いておきます（ExcelをベースにVBEを利用します）。
② 　キーボードの「Alt（オルト）」と「F11」を同時に押します（以後この操作は，「Alt＋F11」で表現します。なお上手くできないときは，左指で「Alt」を押さえた状態で，右指で「F11」を押さえても結構です）。

　この操作により，ExcelからVBEの画面に切り替わります。なお，すでにVBEが表示されているときは，逆にExcelの画面に戻ります。要するにExcelとVBEの相互切り替えが可能となる操作です。

　次にVBEのどこにマクロを作成していくかですが，コードウィンドウという場所に記入していきます。Excelの言わば「裏画面」にこのような場所があるとは驚きですが，ここにマクロを仕組むことで「表画面」のExcelを自動処理することができるのです。

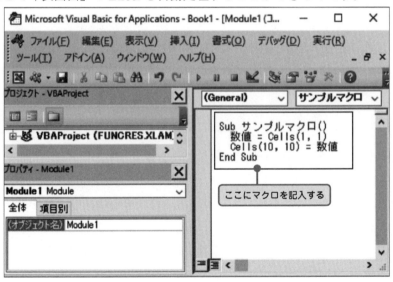

　以上の操作は，VBEを立ち上げてみるだけのものです。その後の操作はありませんので，確認できたら保存せず終了してください。

※ VBEの立ち上げ方法はExcelのバージョン毎に他にもいろいろありますが，この「Alt＋F11」操作法はどのバージョンにも共通して使用できることから，本書はこの方法を採用します。

2-2 VBAマクロでできること

最初にVBAマクロでどんなことができるのか，見ていくことにします。
「こんなことができる」を確認することで，VBAの特徴が少しずつ明らかになるはずです。
なお，ここではコードの詳細については触れませんので，気楽に読み進めて下さい。

1 生徒（児童）名簿から個人情報を取り出すマクロ

教育現場の仕事に直結したサンプルを見ていきます。これは，生徒（児童）名を入力し，その個人データを表示するものです。下図を見ていただければ，その流れはすぐ理解できると思います。

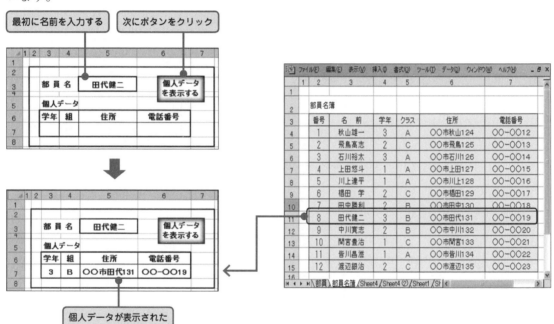

本例では，「個人データを表示する」のボタンにVBAマクロが仕組まれており，ボタンをクリックすることで処理を実行したことになります。具体的には「部員名」として入力したデータと同じデータを「部員名簿」のワークシートから見つけ出し，関連のデータを取り出して表示したことになります。こうした一連の処理内容が，VBAを使ってプログラミングされているのです。さぞや複雑で難しいマクロではないか，と感じる人もいるかもしれませんが，そこは簡潔明瞭のVBAです，十数行のコードで成り立っているのです。

なお，ここでは検索元に12名の部員データ（右の部員名簿）を用意しましたが，もっと多くても，たとえば数百人を超える部員データであっても，処理時間に大きな差は生じません。つまり，処理データの多さにさほど影響されない程，マクロの実行は高速に行われるのです。

2 データを転送するマクロ

次は発生した経費を費目別に集計していくものです。この手の処理は社会一般に広く見られるもので，企業会計では「仕訳帳」に入力したデータを「総勘定元帳」などの各種帳簿に転記していく処理，学校では日々の出席データを生徒記録簿等に転記・集計していく処理などに該当するでしょう。処理の流れは次の通りです。

① 8行目に4月3日の取引データを入力し，「データの転記」ボタンをクリックします。

② すると「収支明細表」シートおよび「通信費」シートにデータが転送されます。

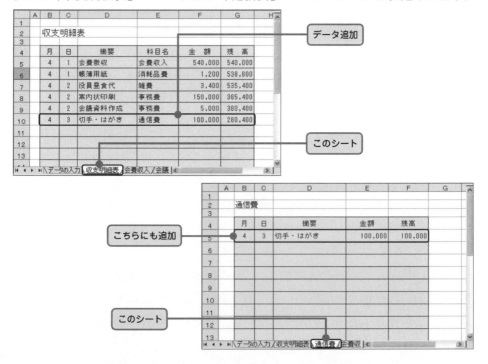

3　集計表から個票を作成するマクロ

「成績一覧表」から個人の「成績票」を作成し，それを印刷していくマクロです。

　この一連の作業内容は，教職員なら馴染み深いものだと思いますので，マクロがどのように働いているかは容易に推測できると思います。

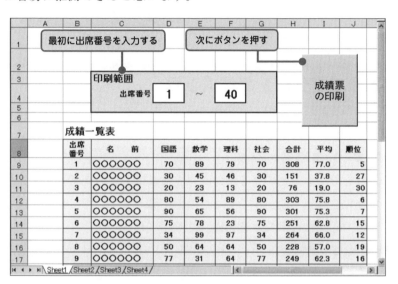

（1番の生徒から順番に成績票が印字されていきます。40番の生徒が印字されたところで自動的にプリンタは止まります。）

　ここまでの例題を見て，いままでの Excel 処理とは一味違った印象を持たれたのではないでしょうか。処理の流れを要約すれば，それぞれのボタンに VBA マクロが仕組まれており，そのボタンを押すことで VBA マクロが実行されたのです。マクロの仕事全体における役割や働きについて，それなりの理解がなされたのではないでしょうか。いよいよ VBA マクロの作成に重点を置いた説明に入っていくことにします。

2-3 VBAマクロ作成の手順

　いくつかのマクロの利用例を通じて，その働きとか特徴のようなものが，だんだんと浮き彫りになってきたのではないでしょうか。次の段階は，マクロをどのような手順で作成していくのかを理解することです。下に示す「成績票作成マクロ」を例にして，その流れを追っていくことにします。なお，本章ではマクロ作成の流れを理解するものですので，ここでも今しばらくパソコンは操作せず，本書を読み進めるだけにしてください（実際の操作は次章から）。

1 「成績票作成マクロ」の作成手順

　指定した出席番号の生徒について，成績票を印刷していくものです。
　VBAマクロを作成していく手順は次の通りです。

（1）どのようなマクロを作ればよいのか考える

　全体の仕事の流れを分析し，どのようなマクロを作ればよいのか考えます。ここの詰めが甘いと，完成後にマクロを繰返し変更するような事態に陥ります。常に利用者の立場で最善のマクロを作るように努力しなければなりません。

（2）Excel画面の設計（デザイン）

　データ処理する際のExcel画面を設計します。データの配置場所，フォントの大きさなど見やすくする工夫が大切です。

● 入力データ

　出席番号の範囲を入力する画面です。

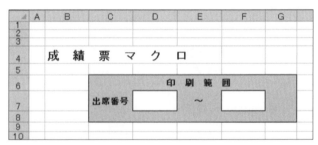

● 出力データ

　処理結果を印刷する画面です。

○ 作業データ

検索先のデータを記録する画面です。

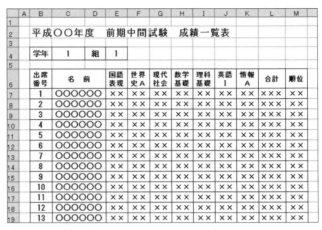

(3) VBE を使ってマクロを作成

① キーボード「Alt + F11」で，VBE の画面に切り替えます。
② 表示された「コードウィンドウ」にマクロを記入していきます。

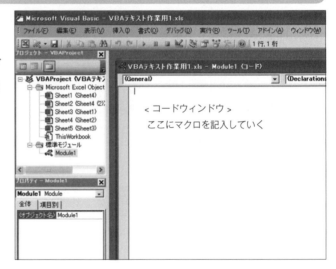

(4) マクロ実行ボタンを配置

① キーボード「Alt + F11」で，Excel のシートに戻ります。
② 実行ボタンを配置し，そこに作成した VBA マクロを割り当てます。

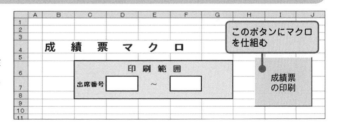

(5) テストラン

テスト用データを入力し，正しい結果が得られるか検証することをテストランと言います。

出席番号欄に「1～40」と入力した場合，1番から試験結果が印刷され，最後の40番を印刷したところで処理は終わります。このとき，印刷結果に問題がなければ，マクロは無事完成したことになります。

しかし印刷の途中で止まる，印刷結果に間違いや不明な点があったような場合，マクロのどこかにエラーがあることが推測されます。そこで次は，マクロのエラーを発見，訂正していく作業に入ることになります（この作業を一般にデバッグ（虫取り）と呼びます）。エラーを発見することなど簡単な作業に思えますが，初心者にとってはなかなかハードな仕事で，発見できずに頓挫してしまうケースも稀ではありません。コードを一行ずつ追いかけ，データの変化を追跡（トレース）していくことなどして，エラーの発見に努めます。

言うまでもないことですがテストランのチェックが甘いと，実際に運用してから思わぬ不具合が発生する場合があります。いろいろなテストデータを用意し，繰返し時間をかけてチェックすることが求められます。

●最初に印刷された出席番号1番のデータ

平成○○年度　　前期中間試験結果

学　年	1	組	1							
出　席番　号	1	名前	○○○○○○							

科　目	国語表現Ⅰ	世界史A	現代社会	数学基礎	理科基礎	英語Ⅰ	情報A		合計	クラス順位
得　点	××	××	××	××	××	××	××		××	××
組平均	××	××	××	××	××	××	××		××	××
偏差値	××	××	××	××	××	××	××		××	××

これでマクロ作成の作業は終わりですが，全体の流れは理解されたでしょうか。

次は具体的なマクロ作成に入ることにします。

ここまでことに多少分からないことがあっても，実際のマクロ作成を通じて後から理解することは十分可能です。前向きで意欲的な学習こそが，VBA習得の最短の近道です。

第3章 マクロ作成の実際

　この章では，実際に例題をやっていただくことで，VBAを体感していただきます。たぶん最初のうちは戸惑うことも多いかと思いますが，理解できるまで諦めないで何度もチャレンジしてみてください。後半の例題に入ったころから，本書を見ないでマクロを組める人がでてくるのではないでしょうか。

　マクロはこれでなくてはならない，ということはありませんから，ぜひ創意工夫に富むマクロを作成してみてください。もちろん，創意工夫に富むといっても，分かりやすいマクロであることは言うまでもありません。教職員の誰もが理解できるマクロを作っておくと，後になっての変更や修正が皆の力を集結できるので容易です。

3-1 マクロ作成のための準備

1 開発メニューの追加

　VBA マクロは Excel の中に組込むことで利用します。ゆえに VBA マクロを作成する入口は，Excel の画面の中にあります。下図の Excel 画面の「開発」に注目して下さい。

　この「開発」が VBA マクロを作成するための入口です。

　ただし，今まで一度も VBA マクロを実行していない Excel では，「開発」は表示されません。そこで「開発」を表示させます。

(1) Excel2010・2013の場合

① 「ファイル」をクリックします。
② 「オプション」を選択します。

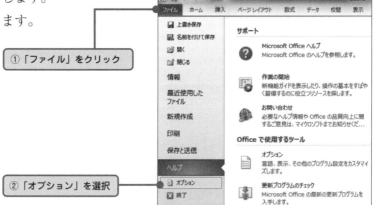

③ 「リボンのユーザー設定」を選択します。
④ 「開発」にチェックを入れ，最後に OK ボタンを押します（これで「開発」が追加）。

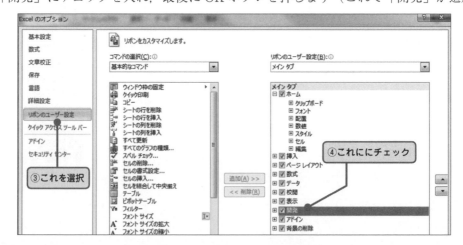

（2）Excel 2007の場合

① 「Office ボタン」をクリックします（右図）。
② 「Excel のオプション」を選択します（右図）。
③ 「基本設計」を選択します（下図）。
④ 「□ 開発」タブを…に✔します（下図）。
⑤ OK をクリックします（「開発」が追加）。

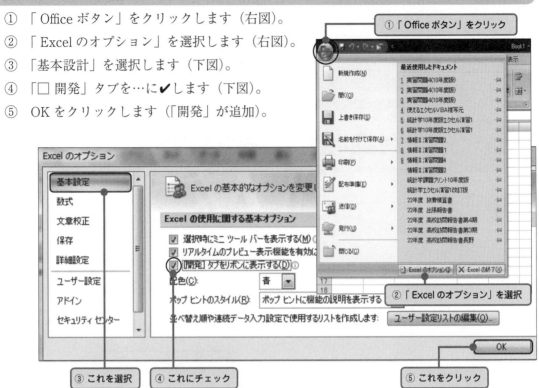

（3）Excel 2003の場合

「開発」を追加することはできませんが，次の操作で VBA マクロを作成できます。

① エクセルの「ツール」⇨「マクロ」⇨「セキュリティ」をクリックします。

② 「セキュリティレベル」が,「最高（V）」や「高い（H）」ならば,「中（M）」に変更し「OK」を押します（すでに「中（M）」のときは,何もせず「OK」）。

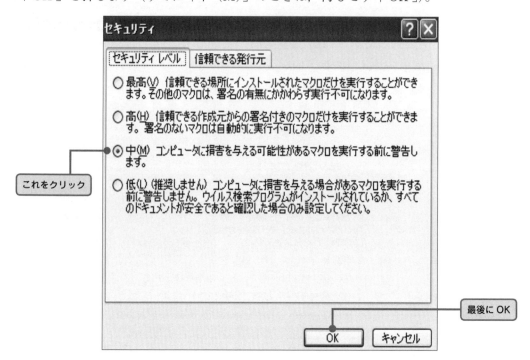

なお, この設定を行わないままファイルを開くと,「マクロが使用できません。セキュリティレベルが高で設定されています云々」のメッセージが出ます。このときは。「OK」を押してメッセージを閉じ, 再度ファイルを立ち上げて上記の設定をしてください。

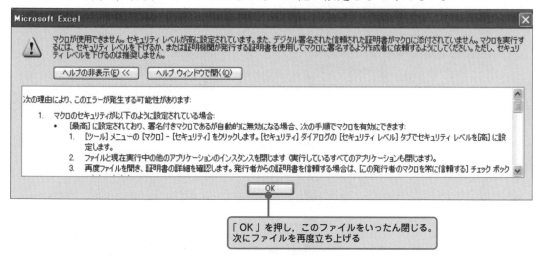

以上でExcelのバージョン別の設定は終わりました。これでVBAマクロは有効に使えるようになりました。なお, この設定は一度行えばその内容は維持されます。

> 補足　コンテンツの有効化について

　マクロを含むファイルを開くと，次のようなメッセージが出ます。コンピュータウィルスの侵入を防ぐセキュリティの一環として警告が出されるのですが，理由はパソコンにとってコンピュータウィルスもマクロも基本的には同じものとして捉えているからです。

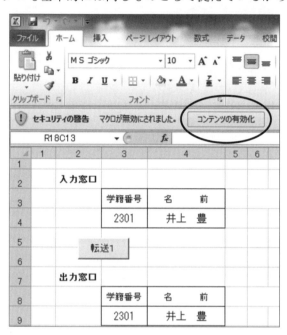

　したがって，このまま何もしないとVBAマクロは実行できなくなります。コンピュータウィルスとは全く無関係ですので「コンテンツの有効化」を選択してください。

　なお，マクロの実行ボタンを押しても，処理結果が一切出力されない場合があります。どこかにエラーがあるとして必死でデバックするのですが，いっこうに改善しないようなときは，この「コンテンツの有効化」の操作が抜け落ちてることを疑ったほうがよいでしょう。

　いったんファイルを閉じ，再度立ち上げて「コンテンツの有効化」を選択し直せば修正できます。

　Excelのバージョンの違いから，以下のメッセージが出る場合があります。

　このときは「マクロを有効にする（E）」を選択してください。同様の効果があります。

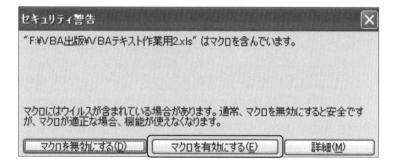

2　列番号の変更

　マクロでは，頻繁にシート内のセル指定を行います。「縦5行・横3列目のセルにデータを入れる」とか，あるいは「横5列目の縦4～10行のセル内容をすべて空白にする」などです。

　ところで，シートの普通の状態では，列（横）方向にはA，B，C，…の記号が，行（縦）方向には1，2，3，…の数字が割り当てられています。ただし，これだと列（横）方向の指定が少しばかり面倒です。つまり指定場所を横に1つずつ移す場合，具体的に「A・B・C」と指定しなければならないからです。「A・B・C」を「1・2・3」の数字に変えると，プラス1で隣の列を指定することが可能です。このような理由から，列指定を，「A・B・C」の記号から「1・2・3」の数字に変更することが必要です。以下にExcelバージョン別の操作法を示します。

（1）Excel 2010・2013 の場合

① 「ファイル」を選択します。
② 「オプション」を選択します。

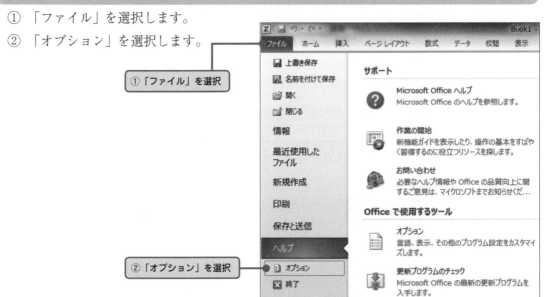

③ 「Excelのオプション」のウィンドウが開いたら「数式」を選択します。
④ 「数式の処理」の「☐ R1C1参照形式を使用する（R）」に✔を入れ，OKボタンを押します。

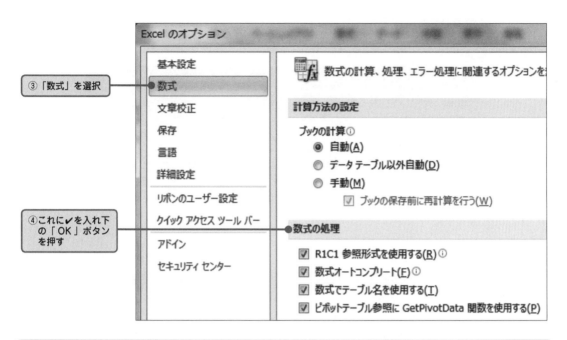

(2) Excel 2007 の場合

① Office ボタンをクリックします。
② 「Excel のオプション」をクリックします。
③ 「Excel のオプション」のウィンドウが開いたら，「数式」を選択します。
④ 「□ R1C1参照形式を使用する」 に✔を入れ，下の「 OK 」ボタンをクリックします。

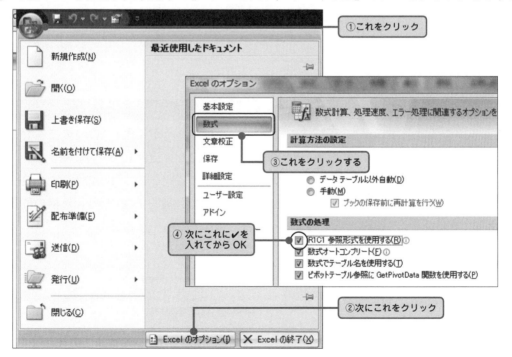

（3）Excel 2003 の場合

① Excel「ツール（T）」⇨「オプション（O）」をクリックします。

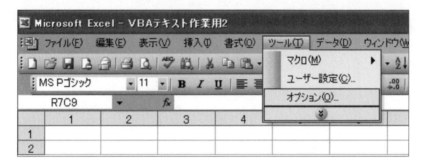

② 「全般」を選択し，「R1C1参照形式を使用する」に✔を入れ「OK」をクリックします。

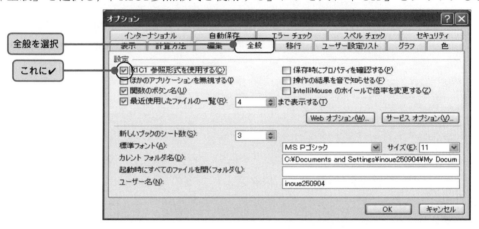

以上で列指定が英字から数字に変更されました。

> **補足　セルの指定について**

　VBAマクロでは頻繁にセル指定を行います。セル指定こそがVBAマクロの基本である，と言ってもよいくらいです。本書ではこれ以降，セル指定を前提とした解説が続きますので，詳細は次章に回すとして，最低限の基礎知識だけはここで説明をしておきます。

　「Cells（2,3）」のセル指定では，最初の「2」は縦の位置を，後の「3」は横の位置を指し，2行3列目のセルを示すことになります。次に具体的な例を示します。

コード	意味
Cells(2,2) = 100	2行2列目のセルに100を入れる
Cells(4,3) = cells(2,2) + 9	2行2列目のセルに9を加え，それを4行3列目のセルに入れる（＝の意味は右辺の内容を左辺に入れることを表す）
Cells(7,5) = "good"	7行5列目のセルに「good」という文字を入れる

コードを実行したときの各セルの内容は次の通りです。

```
                列 →
     1    2    3    4    5    6    7    8    9   10   11
 1
 2        100  ←cells(2,2) = 100 を実行した結果
 3
 4             109  ←cells(4,3) = cells(2,2) + 9　を実行した結果
 5
 6
 7                       good  ←cells(7,5) = "good"　を実行した結果
```
行 ↓

（注）セルに「100」を入れるときにはそのまま「100」としたのに,「good」を入れるときは「"good"」と「""（引用符）」で囲みました。これはVBAが, データを「数値」と「文字」に明確に分けて取り扱っているからです。「""」で囲んだデータは「文字」として扱われます。ということは, cells(2,2) = "100" とすることは可能なのですが, 次の計算はできません。

　　　　Cells(4,3) = cells(2,2) + 9

　理由は「文字100」に「数値9」を加えることとなり, 計算自体がエラーになるからです。
　なお前にも述べましたが, セル指定についてはこれから何度も出てきますので, おおよそのことが理解できれば結構です。当面「cells（行, 列）」だけでもしっかり理解しておいてください。

　次に「=」ですが, 単純に「等しい」という意味ではありません。つまり「等しい」という状態を表すのでなく,「右辺」の内容を「左辺」に移すという動作を表しているのです。この動作を通じて結果として「等しい」状態になるのですが, あくまで「=」は動作そのものであると理解して下さい。
　次のコードの意味も納得していただけるでしょう。

　　　　Cells(2,2) = 100　⇨　（意味）2行2列目のセルに100を入れる

3-2 マクロ基本例題

1 データ転送マクロ1

　基本を理解していただくための例題を用意しました。VBAマクロ作成の大まかな手順が，それなりに分かればよしとする内容です。同様の例題をこれからも繰返しやっていきますので，もし途中で分からなくなっても心配いりません。気楽にパソコンに向かってください。

（1）処理内容

　入力窓口にデータを入力し，「転送1」のボタンを押す（①）。
　すると出力窓口の各欄に，データが転送・表示される（②）。

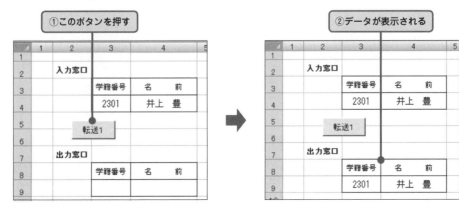

（2）処理の手順

0．どんなマクロを作るか考える（…与えられた課題なので詳細は省略）

1．Excel画面の設計（デザイン）をする

　Excelの画面設計を行います。データのセル位置は，右と同じ位置にしてください。

　ただし，フォントの大きさ・タイプは自由です。なお「転送1」ボタンは，後ほど配置しますので，この段階では作成しません。

2．マクロを作成する

　すでに説明したようにマクロは「VBEの画面」に切り替えて作成しますが，この画面ではセルの位置を確認することは少しばかり面倒です。そこでExcel画面のままでマクロを作成し，そのコピーを取って「VBEの画面」に貼付けます。具体的な手順は次の通りです。

（手順1）　Excelシートの余白にマクロを作成する。
（手順2）　マクロをコピーし，VBEのコードウィンドウに貼り付ける。
　それでは実際にやってみましょう。

手順1 Excel シートの右6列目以降の余白に次のコードを記入します。

	1	2	3	4	5	6	7	8	9
1									
2		入力窓口							
3			学籍番号	名　前			sub　データ転送1()		
4							学籍番号 = cells(4,3)		
5							名前 = cells(4,4)		
6							cells(9,3) = 学籍番号		
7		出力窓口					cells(9,4) = 名前		
8			学籍番号	名　前			end sub		
9									
10									

記入上の注意

- 英字は大文字・小文字のどちらでも構いません。
- 漢字・ひらがな以外の文字（英字・数字・記号）はすべて半角にします。
  また「＝」の前後には，最低1字分の半角空白（△）を入れてください。
- 各行のコードは，セルの境界を意識せず，いっきに1文で記入してください。
- 中間の4行分の書き始めは横7列目からにしてください。その際，6列目の列幅を狭めると横に広がり過ぎず見やすくなります。可能な方は列幅を狭めてください（そのままでも OK です）。
- Cells(4,3) の半角「,」は，全角の「，」と違いますので注意してください。

コード解説

Sub　データ転送1()	「データ転送1」と名付けたマクロを始める
学籍番号 = cells(4,3)	4行3列目のデータを（コピーして），「学籍番号」に入れる ※以後「（コピーして）」は省略
名前 = cells(4,4)	4行4列目のデータを，「名前」に入れる
Cells(9,3) = 学籍番号	「学籍番号」に入っているデータを，9行3列目のセルに入れる
Cells(9,4) = 名前	「名前」に入っているデータを9行4列目のセルに入れる
End sub	これで「データ転送1」のマクロは終わる

① Sub データ転送1 ( )

　マクロの最初に書きます。「データ転送1」というのがマクロ名です。マクロ名は自由に名付けられますが，他のマクロと区別する必要から「英字」よりは「漢字・ひらがな」を使用したほうが無難でしょう。マクロ名の後には 半角の両カッコを付けてください。

　なお，1つのマクロは，この「Sub マクロ名()」で始まり，最後の「End sub」で終わります。

② 学籍番号 ＝ cells(4,3)

　ここで使われている「＝」は，数学の「等しい」とは異なります。「左辺に，右辺の内容を入れる」という動作を表します。

　よって，「4行3列目のデータを，『学籍番号』と名づけた場所に入れる」という意味になります。なお，右辺4行3列目のデータは，「＝」を実行後もそのまま残ります。ですから厳密には「左辺に，右辺の内容をコピーして入れる」という意味になります。

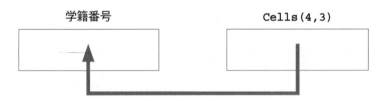

　『学籍番号』のような名前を変数名と言い，ほぼ自由に名付けることができます。ここでも「英字」よりは，意味がよく分かる「漢字・ひらがな」のほうが無難でしょう。

③ 名前 ＝ cells(4,4)

　ここで使われている「＝」も，先ほどの説明通りで，「4行4列目のデータを，『名前』と名づけた場所に入れる」という意味になります。

④ Cells(9,3) ＝ 学籍番号

　今度は「『学籍番号』に入っているデータを，9行3列目に入れる」という意味ですので，このコード実行後は，Excelシートの9行3列目のセルに学籍番号が表示されます。

(手順2) 先ほど作成したコードを，VBE下のコードウィンドウに貼り付けます。
① 記入したコードを指定し，コピーします（Excel操作）。

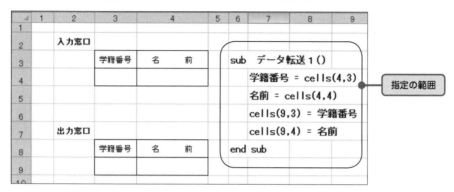

② 「Alt + F11」でVBEの画面に切り替えます。
（コードウィンドウが表示されたときは，以下の操作をせず③へ行きます。）
注）コードウィンドウが未表示（グレイの状態）の時は，次の操作をしてください。
「ユーザーフォームの挿入」アイコンの「▼」⇨「標準モジュール（M）」選択します。

③　コードウィンドウにコードを貼り付けます（Excel 操作）。

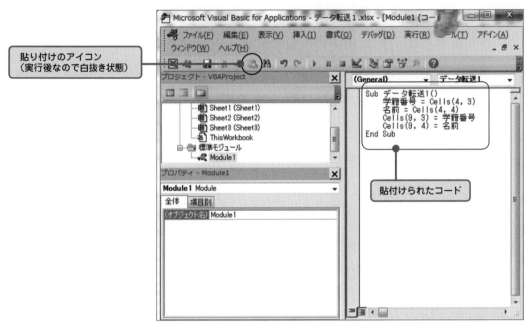

　コードウィンドウに貼り付けたマクロにエラーがあると，そのことがメッセージボックスで指摘されます。対処法は次の通りです（エラーがない人も要確認）。

⚠ メッセージボックスでエラーを指摘されたときの対処法

　「OK」ボタンを押して，メッセージボックスを閉じます。間違っているコードは，文字の色が変わるなどして所在が示されています。エラーの原因を精査し，正しいコードに訂正します。エラーが何箇所かあるときはすべて訂正します。

　訂正が終わったら「リセット」のアイコンをクリックし，訂正内容を確定します。
　　　　　　　　　（クリックしないと，訂正内容は確定されず無効となります。）
　これでエラーの訂正は完了です。

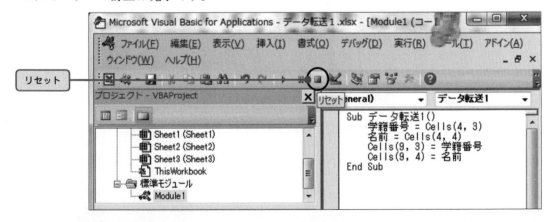

3．ボタンを配置し，マクロを割り当てる

① 「Alt + F11」で Excel 画面を表示します。
② 「❶開発」⇨「❷挿入▼」⇨ フォームコントロールの「❸ボタン」と選択します。
③ ボタン配置場所で❹ドラックします（範囲はボタンの大きさを目安にする）。

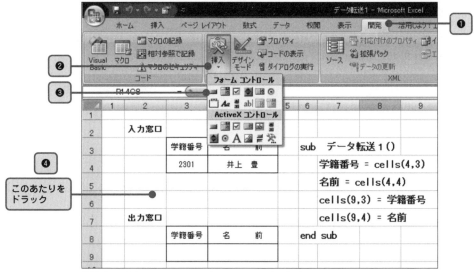

※「開発」が表示されない Excel バージョンは，次の操作を行ってください。
「表示（V）」⇨「ツールバー（T）」⇨「フォーム」でボタンを選択

④ マクロの登録ウィンドウが開くので，マクロ名（M）として「❺データ転送1」を選択し，「❻OK ボタン」を押します。

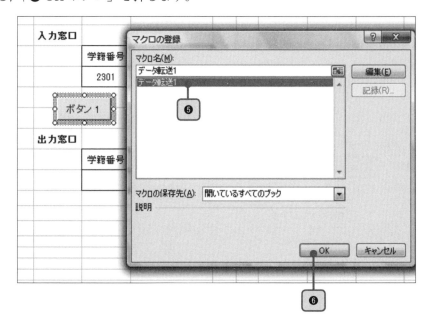

35

⑤　実行ボタン表面の文字「ボタン1」を「転送1」に変更します。

「ボタン1」の文字上でクリックすると，文字などの編集が可能になります。「ボタン1」の文字を消し，「転送1」と入力します。

上手くいかないときは，ボタンを指定した状態でマウスの右ボタンを押し，続けて左ボタンを押すと容易にできます。

表示内容の変更，ボタンの移動・大きさ変更などが可能になります。

4．テストラン

入力窓口にデータを入れ，「転送1」のボタンを押して結果を確認します。

正しい結果が得られれば完成です。正しい結果が出ないときは，コードにエラーがあることが考えられますので，コードの訂正をしてください。先ほどの「文法エラー」と違って，ここでのエラーはどこが間違っているのかVBEは教えてくれませんので，マクロコード内のデータを1つ1つ追跡（トレース）して，エラーの原因を発見してください。

訂正後に「リセット」ボタンを押すのは，すでに述べた通りです。

5．マクロの保存

マクロが含まれたファイルを保存します。

通常のファイル保存方法と基本的には同じなのですが，「名前を付けて保存」を選択したときは，ファイルの種類を「Excelマクロ有効ブック」に変更してから「保存（S）」をクリックします。なお，次回以降の「上書き保存」は「Excelマクロ有効ブック」の指定は不要です。

2 データ転送マクロ2

前問のマクロを少し変更します。出力窓口にデータを転送したら，入力窓口に残っているデータを消すコードを追加します。下線を引いた3か所が，変更・追加したところです。

	1	2	3	4	5	6	7	8	9
1									
2		入力窓口							
3			学籍番号	名　前		sub	データ転送2()		
4							学籍番号 = cells(4,3)		
5		転送1					名前 = cells(4,4)		
6							cells(9,3) = 学籍番号		
7		出力窓口					cells(9,4) = 名前		
8			学籍番号	名　前			<u>cells(4,3) = ""</u>		
9							<u>cells(4,4) = ""</u>		
10							end sub		

「Cells(4,3) = ""」の「""」は，半角「"」の2連続です。これは4行3列目のセルを空白にする命令です。

前問と同じ手順で，VBE下のコードウィンドウにマクロを貼り付けます。
その際は，カーソルを前問「データ転送1」の最後尾「End sub」の下に位置付けておきます。もし「データ転送1」の途中にカーソルがあると，コードはそこに挿入されてしまいます。

続いてボタンを配置しましょう。
ボタンの名前は「転送2」とし，前問「転送1」の右隣に配置することにします。
ウィンドウでマクロ名を訊いてきたら，「データ転送2」を選択します。

データを入れて，「転送2」のボタンを押してみましょう（テストラン）。
入力窓口のデータが消去され，出力窓口にデータが転送されていれば，マクロは正しく実行されたことになります。

3 データの連続転送マクロ

入力したデータを，次々に転送・表示していくマクロです。右が実行後の結果です。

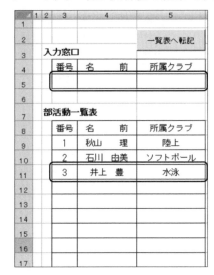

(1) 処理手順

1. シートに画面を設計する　…上図の通り。

2. マクロを作成する

余白に次のマクロを記入します。

```
sub　データ転送連続()
　番号 = cells(5,3)
　名前 = cells(5,4)
　クラブ = cells(5,5)
　行 = 9
　do until cells(行,3) = ""
　　行 = 行 + 1
　loop
　cells(行,3) = 番号
　cells(行,4) = 名前
　cells(行,5) = クラブ
　cells(5,3) = ""
　cells(5,4) = ""
　cells(5,5) = ""
end sub
```

> **コード解説**

Sub　データ転送連続（）	データ転送連続マクロを開始する
番号 = cells(5,3)	5行3列目のデータを番号に取り出す
名前 = cells(5,4)	5行4列目のデータを名前に取り出す
クラブ = cells(5,5)	5行5列目のデータをクラブに取り出す

ここまでのコードは，すでに学習した内容と同じで，特に問題はないでしょう。

ここから先のコードは，配慮すべきことがあり少々面倒です。
「部活動一覧表」に転送するのですが，9行目以降のどの行にするかを判断しなくてはなりません。9行目にすでにデータが入っているなら，10行目以降の未記入の行を選択しなくてはなりません。そこでマクロでは，次のような手順を組込みます。

　① 9行3列目にデータがあるか調べます。
　② 9行3列目にデータがなければ，そこに新規のデータを転送して終わります。
　③ 　〃　 にデータがあれば，行を下げて10行3列目はどうか調べます。
　④ 10行3列目にデータがなければ，そこに新規のデータを転送して終わります。
　⑤ 　〃　 にデータがあれば，行を下げて11行3列目はどうか調べます。
　　　　以下同様

およその処理手順は掴めたのではないでしょうか。

以上を実現する VBA のコードは，次の通りです

行 = 9	9を行に入れる
Do until cells(行,3) = ""	セル(行,3)が空白のところまで繰り返せ
行 = 行 + 1	行を1ずつ増やす
Loop	Do 文に戻れ

Do 文は同じ処理を繰り返すときに使用します。

Do 文と Loop 文の間の命令（この例では「行 = 行 + 1」）を繰り返します。行は無限に大きくなりますので，必ず終わる条件を「until」の後に記入します。

「cells(行,3) = ""」が終わる条件ですから，セル(行,3)が空白になったときに，Loop の外に出ます。

実際の動きは，最初は cells(9,3) が空白か調べ，2回目は cells(10,3)，3回目は cells(11,3)，4回目は cells(12,3)，…と行の位置をずらし，そのセルが空白かどうか調べていきます。どこかの時点で空白に出会ったところで，Do 文の処理は終わります。

Do 文の利用についてまだ不明な点もあるかもしれませんが，この後の例題で繰返し使い方

を説明して行きますので，今は大まかな使用法が分かれば十分です。

　なお，Do 文の詳細は p.49〜に記載してありますので必要とあらば参照してください。

　次は空白の行が見つかった後の処理です。
　取り出しておいた番号・名前・クラブを空白行の所定のセルに入れます。
　あわせて，入力窓口のデータを消去しておきます。

Cells(行,3) = 番号	(行,3) のセルに番号を入れる
Cells(行,4) = 名前	(行,4) のセルに名前を入れる
Cells(行,5) = クラブ	(行,5) のセルにクラブを入れる
Cells(5,3) = ""	(5,3) のセルを空白にする
Cells(5,4) = ""	(5,4) のセルを空白にする
Cells(5,5) = ""	(5,5) のセルを空白にする

（2）VBE のコードウィンドウにマクロを貼り付ける

① 　コードをコピーします。

② 　「Alt + F11」で VBE の画面に切り替え，コードウィンドウに貼り付けます。

（3）ボタンを配置し，マクロを割り当てる

① 　開発 ⇨ 挿入 ⇨ フォームコントロールの「ボタン」をクリックします。

※なお，「開発」が表示されないエクセルバージョンは，次の操作をしてください。
　表示 ⇨ ツールバー ⇨ フォーム をクリック

② 　「ボタン」をクリックし，配置したい場所でドラッグし，「データ転送連続」をボタンに割り当てます。

③ 　ボタンの表面にカーソルを移動し，表示を「一覧表へ転記」に変更します。
　　（上手くいかないときは，ボタンを指定した状態でマウスの右ボタン，続けて左ボタンを押してください。表示内容の変更，ボタンの移動・サイズ変更などが可能です。）

3．テストラン

　テスト用のデータを用意し，マクロを実行させます。正しい結果が得られれば完成です。

　正しい結果が得られないときは，コードを１行ずつ精査してエラーを発見し，正しいコードに変更してください。変更後はリセットのアイコンをクリックします。

4　DVD レンタル料金算出マクロ

校務と直接関係ない例題を取り上げます。異業種の例題を通じて，マクロ作成の応用力を高めることにしましょう。

例題　DVD のレンタル料金を求めるマクロです。貸出期間別3種のボタンのどれかを押すとレンタル料金が表示されます。

（第1図）

	1	2	3	4	5	6	7	8	9	10	11	12	13	14	15	16
1																
2														実行ボタン		
3																
4			新作本数		旧作本数		レンタル料金						1日以内			
5						⇒										
6													1泊2日			
7		【処理条件】														
8			1. 基本料金										7泊8日以内			
9				DVD種類	基本料金											
10				新作	450円											
11				旧作	240円											
12																
13			2. 期間と料金													
14				1日以内	基本料金×0.8											
15				1泊2日	基本料金×1.0											
16				7泊8日以内	基本料金×2.0											

レンタル料金を求めるには，少しばかり面倒な計算が必要です。多くのお客さんが訪れるカウンターで，レンタル料金をいちいち電卓で計算していたのでは時間がかかって混雑する一方です。必要最低限のデータ入力でレンタル料金が算出されるようなシステムがあれば，こうした混雑に陥ることもないでしょう。そこでレンタル料金算出のマクロです。

料金の算出式は Excel 画面に表示されているので，それを参考にします。

今回は「1日以内」・「1泊2日」・「7泊8日」の3つのマクロを作ることになりますが，1つ作れば，他の2つはコードを少し変更するだけで完成するはずです。

（1）「1日以内」のレンタル料金を求めるマクロ

1．Excel シートに画面を設計（デザイン）する

Excel で画面をデザインします。今回も例示してある第1図と同じにしてください。特に「セルの位置」がずれないよう注意してください。

なお，フォントの大きさ・配置，金額表示の「,」等は自由に設定してください。

2．VBA マクロを作成する

　実行ボタンの「1日以内」の意味は，DVD をその日のうちに返却したときの料金を求めるマクロです。処理条件によると，新作・旧作ともに基本料金の8割となっています。
　よって，計算式は次の通りです。

　　　　　　　　料金＝（新作の本数×450円＋旧作の本数×240円）× 0.8

コードを次に示します。

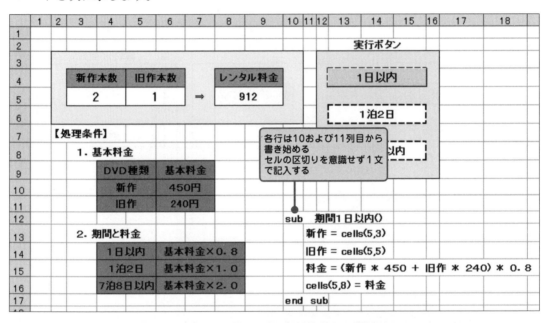

！コード解説

Sub　期間1日以内 ()	マクロの始まり
新作 = cells(5,3)	データを「新作」に取り出す
旧作 = cells(5,5)	データを「旧作」に取り出す
料金 =（新作 * 450 + 旧作 * 240）* 0.8	「料金」を求める
Cells(5,8) = 料金	「料金」を表示する
End sub	マクロの終わり

① Sub　期間1日以内 ()
　マクロ名を「1日以内」とせず，「期間1日以内」としましたが，理由はマクロ名の先頭文字に数字を使えないからです。同じ理由から，次に続く他のマクロ名も「期間1泊」「期間7泊」とします。

② 新作＝cells(5,3)

　5行3列目のセルに入っている値を，「新作」と名付けた変数に入れるコードです。ここで迷うのは「横方向は3列目でよいか？」ではないでしょうか。なぜなら，横の位置はセル結合した3・4列目であるからです。3列目だけでは足りないように感じますがこれでよいのです。なお，「新作＝cells（5，4）」のように4列目を指定すると，新作にはデータは入ってきませんので注意してください。

3．マクロの貼り付け

　シート上に作成したコードをコピーし，VBEのコードウィンドウに貼り付けます。

　① シート上に作成したコードを範囲指定し，コピーします。コードが記入されている箇所の横方向は10・11列目だけなので，この2列を指定するだけで足ります。

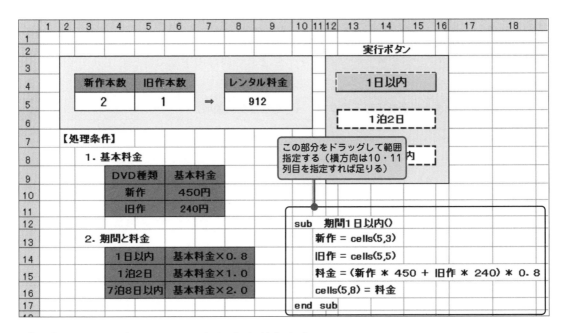

　② 「Alt＋F11」でVBEの画面に切り替えます。

　③ コードウィンドウにコピーしたマクロを貼り付けます。

　④ 「Alt＋F11」でExcelのシートに戻ります。

4．ボタンの配置

　マクロを実行するボタンを配置します。

　① 開発 ⇨ 挿入 ⇨ フォームコントロールの「ボタン」をクリックします。

　　　※開発がないエクセルバージョンの場合は次の通り。
　　　　表示 ⇨ ツールバー ⇨ フォーム をクリック

② 配置したい場所でドラッグします。
　　このとき割り当てるマクロ名を訊いてくるので，「期間1日以内」を選択します。

③ ボタンの表面にカーソルを移動し，表示を「1日以内」に変更します。
　　上手くいかないときは，ボタンを指定した状態でマウスの右ボタンを押し，続けて左ボタンを押してください。表示内容の変更，ボタンの移動・大きさ変更などが可能となります。

5．テストラン

　これでマクロは完成しました。「新作本数」・「旧作本数」に適当な数を入力し，「1日以内」のボタンを押してみてください。正しい結果が表示されれば完成です。

　次に「1泊2日」・「7泊8日」のマクロを示します。同様の手順で作成してみてください。

●「1泊2日」のレンタル料金を求めるマクロ　　（下線部が変更箇所）

```
Sub 期間1泊()
　　新作 = cells(5,3)
　　旧作 = cells(5,5)
　　料金 = 新作 * 450 + 旧作 * 240
　　Cells(5,8) = 料金
End sub
```

●「7泊8日」のレンタル料金を求めるマクロ　　（下線部が変更箇所）

```
Sub 期間7泊()
　　新作 = cells(5,3)
　　旧作 = cells(5,5)
　　料金 = ( 新作 * 450 + 旧作 * 240 ) * 2
　　Cells(5,8) = 料金
End sub
```

3-3 ステートメントの意味と役割

　本書の特徴は，数少ない種類のステートメントを使って様々なマクロを作っていくことです。初めて学習する人に，いろいろなステートメントを「あれもこれもあります」と紹介し，知識量を増やしていくことは容易です。しかし，その結果として，実務でどのステートメントを使ったらよいのか迷うようになったら，要らぬ知識が邪魔する結果となり，マクロ作成には大きな障害になりかねません。そこで，これで「事足りる」と思えるステートメントに厳選し，それを繰返し練習することで，マクロの作成能力を高めていただく方針を取りました。

　繰り返しますが，本書は，すべてを網羅したVBAの文法書ではありません。実務で，いかに有効にVBAを活用していくかに重きを置く手引書です。だから使いもしないステートメントに時間をかけるのをやめ，よく使われる重要なステートメントに多くの時間をかけ，習熟度を高めることを目指します。

　次に示す5つが，厳選に厳選を重ねた必須のステートメントです。これだけですべてのマクロが作れる，と言っても決して過言ではありません。少なくとも校務関連のマクロ制作ではこれで十分なはずです。5種類の言わば「動詞」だけで，すべてのマクロを表現していくのが，本書が他のVBA関連書籍と大きく異なる点です。

　なお，1つ1つのステートメントについては，次頁以降で詳しく説明していきます。

●本書で使用する5つのステートメント

ステートメント	意味
If　then	条件が成り立ったとき，指定の処理を実行する
Do　until	条件が成り立つまで，処理を繰り返す
For　Next	決められた回数だけ処理を繰り返す
Set	オブジェクト名を変数に変換する
Printout	印刷を実行する

1　If ステートメント

If 文は条件を判定し，判定結果に基づいた処理を行います。

書き方1

```
If　条件式　then
　　　命令文A
End if
```

意味　もしも，条件式に示す条件を満たしているなら，命令文Aを実行しなさい。

使用例

If　点数 > 80　then 　　合格人数 = 合格人数 + 1 End　if	もしも「点数」が80を超えるなら 「合格人数」の値に1を加えなさい これで終わり

留意点

- 「If」と「End if」は対で使用します。また忘れがちな「then」は省略できませんので注意しましょう。
- 他の条件式として次のようなものがあります。

　　　If cells(4,5) >= 点数 then　（4行5列目のセルが「点数」以上なら）
　　　※「点数」以下なら，「<=」になります

　　　If cells(4,5) =" 国語 "then　（4行5列目のセルが「国語」という文字なら）

書き方2

```
If　条件式　then
　　　命令文A
　Else
　　　命令文B
End if
```

意味　条件を満たしているなら命令文Aを，そうでないときは命令文Bを実行しなさい。

使用例

If　性別 = " 男 "　then 　　男人数 = 男人数 + 1 　Else 　　女人数 = 女人数 + 1 End　if	もしも「性別」が，"男"ならば， 「男人数」の値に1を加え， そうでないなら， 「女人数」の値に1を加える これで終わり

書き方3

```
If  条件式A  then
    If  条件式B  then
        命令文1
    Else
    命令文2
    End if
End if
```

意味 条件式Aを満たしているなら，条件式Bを満たしているか調べなさい。そこで条件式Bも満たしているなら命令文1を，そうでないときは命令文2を実行しなさい。

例題 5行4列目のセルに入っている点数について，次の評価基準に基づく評価を5行6列目のセルに表示しなさい。

点　数	30未満	30～80未満	80以上
評　価	C段階	B段階	A段階

`Sub 成績評価()`	
`点数 = cells(5,4)`	データを「点数」に取り出す
`If 点数 < 30 then`	もしも「点数」が30未満ならば，
`評価 = "C段階"`	「評価」を「C段階」とし，
`Else`	そうでなく（30以上で）
`If 点数 < 80 then`	80未満ならば，
`評価 = "B段階"`	「評価」を「B段階」とし，
`Else`	そうでなく（80以上なら）
`評価 = "A段階"`	「評価」を「A段階」とする
`End if`	
`End if`	これで終わり
`Cells(5,6) = 評価`	「評価」をセルに表示する
`End sub`	

　「If文」と「End if文」は対で使用するとすでに述べましたが，実際「If文」と「End if文」の数が一致しないときは文法エラーになります。こうしたエラーを防ぐには，「If」と「End if」の間のコードの書き出しを少し後ろにずらしグループ化すると，「End if」欠落のエラーは減ります。

例のようにIf文の中にIf文を複数組込むことは可能です。目的は条件の絞りこみですが，あまりIf文を多く入れすぎますと分かりにくくなります。これはVBAに限らず，すべてのプログラムに言えることなのですが，「If文はあまり深入りさせない」は，簡単なマクロを作る上での約束事と考えるべきです。せいぜい2，3個にとどめておくのがよいでしょう。上のコードはその範囲内にあるので特に問題はないのですが，以下のように変更するだけでも，かなり分かりやすくなります。

```
Sub 成績評価()
点数 = cells(5,4)
評価 = "B段階"
If 点数 < 30 then
    評価 = "C段階"
End if
If 点数 >= 80 then
    評価 = "A段階"
End if
Cells(5,6) = 評価
End sub
```

　このマクロでは，最初にいきなり「評価」を「B段階」にします（まだ分かってないのに，まずは「B段階」にしてしまいます）。
　その後，30未満だったら「C段階」，80以上だったら「A段階」にしていくものです。両方のIf文で該当しなかったときは，そのまま「B段階」が維持されるのは言うまでも有りません。こちらのほうが単純明解で，分かりやすいと思います。

　If文はVBAに限らず，ほとんど全てのプログラミング言語で使用されています。ということは，プログラミングには不可欠なきわめて重要なステートメントということになります。If文が上手く使いこなせるようになれば，マクロ作成に余裕が生まれるはずです。「学ぶ」は「真似ぶ」からきているの真偽は別として，いろいろなIf文の使い方を真似して，マクロ作成能力を高めてください。

2 Do until ～ Loop ステートメント

Do 文は，同じ処理を繰返すときに使用します。繰り返すといっても，どこかの時点で終わらせなければなりません。その終了判定を行うのがuntil 以下の終了条件です。終了条件を満たしたときは，繰り返すのをやめてLoop の外に抜け出ます。ということは，最初から終了条件を満たしているときは，一度も命令を実行することなく，Loop の外に抜け出ます。

書き方
```
Do  until 終了条件
    命令文A
Loop
```

意味 終了条件を満たすまで，命令文Aを繰返し実行する。

使用例 4行目以降で横3列目が空白のセルを見つけ，「月」のデータを入れなさい。

	月	日	出席者名	役職名	参加会場
4行目	5	9	東京太郎	会長	総会
5行目	5	9	大阪花子	理事	分科会C
6行目	5	9	京都大輔	理事	分科会A
7行目	5	9	横浜香織	理事	分科会B
8行目	5	9	秋田信二	理事	分科会A
9行目	5	10	博多博美	事務局長	総会
10行目	5	10	千葉綾香	理事	分科会C
11行目					

Cells（縦,3）　空白が見つかるまで、4行目から下げていく　空白発見

縦 = 4	「縦」を4にする
Do until cells(縦,3) = "" 　　縦 = 縦 + 1 Loop	終了条件「セル(縦,3)＝空白」が成立するまで，「縦」に1を加えて戻ってきなさい。 なお，条件成立後はLoop の外に出る
Cells(縦,3) = 月	(縦,3)のセルに「月」の値を入れる

　この処理は，入力したデータを記録簿の空白行に転記するときなどによく利用します。

　空白行を見つけるのが，「 Do until cells(縦,3) = "" 」です。調べる行を「縦」とし，4（行目）から，5，6，7，8，…と変化させて，3列目の空白セルを見つけます。見つか

った「縦」の値が，転記すべき空白行にあたり「月」を転送します。

なお，この例では11行目にデータを入れることになりましたが，4行目が空白なら，最初から「Loop」の外に抜け出し，4行目に月の値がセットされます。

例題 ゴールした生徒のゼッケン・記録を入力し，「マラソン大会成績表」に転記する。

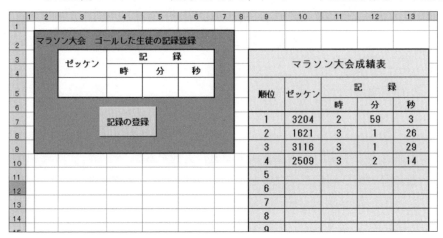

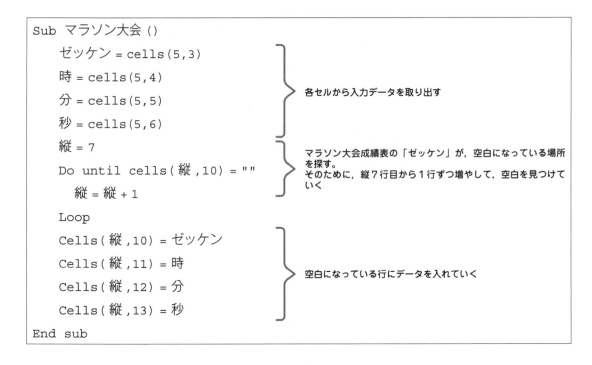

この例題の終了条件は「空白のセルが見つかるまで」でしたが，時には「同じ番号が見つかるまで」のようなケースもあります。実はDo文の利用は，ほぼこの2通りしかないと考えてよいでしょう。「同じ番号が見つかるまで」の例題は後でじっくりやりたいと考えます。

3　For 〜 Next ステートメント

For 文は，カウントを取りながら範囲内の命令を実行し，カウントが目的値に達したところで終了します。なお，カウントは1回実行するごとに自動的に＋1されます。

書き方
```
For　データA　=　数値1　to　数値2
    命令文A
Loop
```

意味　データAが，数値1から1ずつ増えて数値2になるまで，命令文Bを繰返し実行する。

例1　性別判定のマクロ

例2　データ消去のマクロ（一部）

```
For 縦 = 3 to 9
  For 横 = 3 to 5
    Cells(縦,横) = ""
  Next
Next
```

●For 文実行に伴うセルの変化

① 縦=3で Cells(3,3)〜cells(3,5) が空白になる

② 縦=4で Cells(4,3)〜cells(4,5) が空白に
　　　　　（省　略）

※「Next」は「カウント＋1して戻る」ゆえ，他に「カウント＋1」のコードは要りません。

4 Set ステートメント

sheet1，sheet2，… など複数のワークシートを使用するマクロでは，セル指定にシートの指定を追加しなくてはなりません。このシートの指定を簡単にする命令です。

書き方　`Set 名前 = worksheets("シート A")`

意味　「シート A」と名付けたワークシートを，「名前」として置き換える。

普通，複数のワークシート間のセル指定では次のようになります。

| 番号 = worksheets("sheet1").cells(10,4) | Sheet1の10行4列目のデータを「番号」に取り出す |

わざわざ「worksheets」から指定しなくてはならず，一文がかなり長くなります。

これに対し，以下のように Set 文でワークシート sheets1 を「名」と置き換えるなら，

| Set 名 = worksheets("sheet1") | Sheet1を「名」とする |

「番号」へのデータ取り出しが次のようになります。

| 番号 = 名.cells(10,4) | Sheet1の10行4列目のデータを「番号」に取り出す |

1行増えますが，相当簡単になることは一目瞭然です。セル指定が多いマクロでは，実はこれが普通なのですが，必ずと言ってよいほど Set 文は使用されています。

5 Printout ステートメント

シートを印刷する命令です。

| 名.printout | 「名」と名付けたシートを印刷する |
| 窓口.printout | 「窓口」と名付けたシートを印刷する |

なお，上の「名」「窓口」はいずれも Set 文でワークシート名から置き換えられた名前です。

「printout」の代わりに「printpreview」を使用しますと，プレビューが表示されます。

| 名.printpreview | 「名」と名付けたシートをプレビュー表示する |
| 窓口.printpreview | 「窓口」と名付けたシートをプレビュー表示する |

コードの先頭に「'」をつけて「'窓口.printout」とすると，パソコンはコードとして認識せず実行しません。テスト段階で印刷が不要のときなどに使用すると便利です。

第4章

実践的マクロ作成

実際の仕事に役立つマクロを具体的に作成していくことにします。

とは言っても，学校にそのままの形で導入することは当然のごとく無理で，それなりにマクロを改良する必要があることでしょう。どこをどのように改良すればよいか考えながら，例題のマクロを見ていくことは大切なのですが，まずは例題のマクロについて熟練することを優先してください。実際にマクロを作成してみると，意外な盲点や弱点に気付くことがあります。マクロ作成の概要は理解したつもりでも，各部のちょっとした操作などで行き詰まってしまうことは，決して珍しいことではありません。とにかくパソコンと対峙し，正しい結果が得られるまで繰り返しマクロ作成に臨んでください。こうした作業を繰り返す中で，VBAに対する活用能力は飛躍的に高まっていくはずです。プログラマーの登竜門は，もうすぐそこにあります。

4-1 部員照会システム

　部員の名前を入力し，個人データ（学年・クラス・住所・電話番号）を表示するマクロを作成します。

（1）シートの設計

シート名：「部員」…データを入力し，結果を表示するシート

● シート名：部員

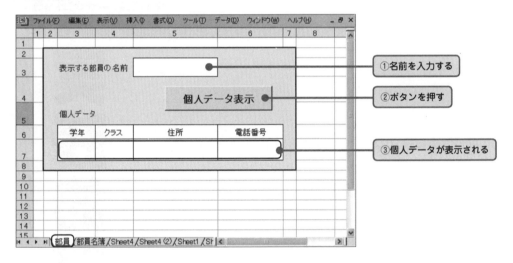

シート名：「部員名簿」…部員の個人データを記録してあるシート

● シート名：部員名簿

(2) マクロの作成

シートの指定を容易にするために，2つのシート名を簡単な名前に置き換えます。

```
Set 窓口 = worksheets("部員")
Set 名簿 = worksheets("部員名簿")
```

本来「worksheets("部員").cells(1,1)」，「worksheets("部員名簿").cells(1,1)」と記入するところ，Set文の後では「窓口.cells(1,1)」，「名簿.cells(1,1)」でよくなります。なお，言うまでもないことですが「.」は半角です。

次に，名前を手掛かりに個人データを見つける部分に入ります。

最初にセル(3,5)のデータを「表示名」に取り出します。この「表示名」と同じものを部員名簿の名前欄から探していくことになります。

表示名 = 窓口.cells(3,5)	データを「表示名」に取り出す
縦 = 4	「縦」を4とする
Do until 名簿.cells(縦,3) = 表示名	名簿.セル(縦,3)のデータと「表示名」が一致するまで，「縦」に1を加えていく
縦 = 縦 + 1	
Loop	

なぜ「縦=4」になるかですが，部員名簿の4行目から順に検索するからです。Do文の終了条件になっている「名簿.cells(縦,3) = 表示名」は，「同じ名前が見つかるまで」の意味です。したがって，同じ名前が見つかったときは，「Loop」の下のコードに抜け出します。とにかく，縦を「4」⇨「5」⇨「6」⇨「7」…と増やして探していきます。

見つかった「縦」の行数に基づきデータを取り出し，表示します。

学年 = 名簿.cells(縦,4)	「学年」に取り出す
クラス = 名簿.cells(縦,5)	「クラス」に 〃
住所 = 名簿.cells(縦,6)	「住所」に 〃
電話 = 名簿.cells(縦,7)	「電話」に 〃
窓口.cells(7,3) = 学年	「学年」を表示する
窓口.cells(7,4) = クラス	「クラス」を 〃
窓口.cells(7,5) = 住所	「住所」を 〃
窓口.cells(7,6) = 電話	「電話」を 〃

「縦」が示すのは，取り出すデータのある行数です。この例では「田代健二」が見つかったのが縦＝11なので，部員名簿の11行目のデータが取り出されます。部員名が違えば当然「縦」の値も変わります。

コードの動きを図示すると次のようになります。

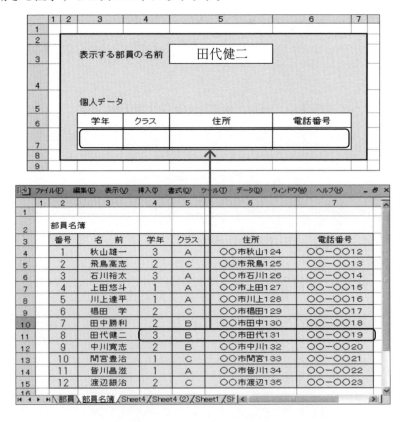

最終的なマクロは次のようになりますので，Excel シートの余白に記入します。

`Sub データ照会()`	「データ照会」というマクロを開始する
`  Set 窓口 = worksheets("部員")`	「部員」シートを，「窓口」とする
`  Set 名簿 = worksheets("部員名簿")`	「部員名簿」シートを，「名簿」とする
`  表示名 = 窓口.cells(3,5)`	「表示名」にデータを取り出す
`  縦 = 4`	「縦」の値を 4（行目）とする
`  Do until 名簿.cells(縦,3) = 表示名`	「表示名」と同じデータが見つかるまで，「縦」に 1 を加えていく
`    縦 = 縦 + 1`	
`  Loop`	
`  学年 = 名簿.cells(縦,4)`	「学年」に取り出す
`  クラス = 名簿.cells(縦,5)`	「クラス」に取り出す
`  住所 = 名簿.cells(縦,6)`	「住所」に取り出す
`  電話 = 名簿.cells(縦,7)`	「電話」に取り出す
`  窓口.cells(7,3) = 学年`	「学年」を表示する
`  窓口.cells(7,4) = クラス`	「クラス」を表示する
`  窓口.cells(7,5) = 住所`	「住所」を表示する
`  窓口.cells(7,6) = 電話`	「電話」を表示する
`End sub`	これで終わり

（3）コードウィンドウへのコード貼り付け

① マクロコードをコピーします。
② 「Alt + F11」で VBE のコードウィンドウを開き，そこに貼り付けます。
③ 「Alt + F11」で Excel の画面に戻ります。

（4）ボタンの配置とマクロの割り当て

① 開発 ⇨ 挿入 ⇨ フォームコントロールの「ボタン」をクリックします。
② 配置したい場所でドラッグします。
このとき割り当てるマクロ名を聞いてくるので，「データ照会」を選択します。

これでマクロは完成しました。データを入力し，テストランします。

補足 1　マクロの多様な表現

上のマクロは「For 文」を使用しても作成できます。次の「データ照会別法」がそれです。
マクロはどのようなコードを使っても，あるいはどのようなアルゴリズム（解法）を採用しようとも，正しい結果が得られるならそれで OK です。マクロには多様な表現があることを

理解してください。

Sub データ照会別法 ()	
Set　窓口 = worksheets(" 部員 ")	「部員」シートを「窓口」とする
Set　名簿 = worksheets(" 部員名簿 ")	「部員名簿」シートを,「名簿」とする
表示名 = 窓口 .cells(3,5)	「表示名」にデータを取り出す
For 縦 = 4 to 15	縦＝4で開始し, 縦＝15で処理を終了する
If 名簿 .cells(縦 ,3) = 表示名 then	もしも部員名簿の名前と表示名が同じならば
学年 = 名簿 .cells(縦 ,4)	「学年」に取り出す
クラス = 名簿 .cells(縦 ,5)	「クラス」に取り出す
住所 = 名簿 .cells(縦 ,6)	「住所」に取り出す
電話 = 名簿 .cells(縦 ,7)	「電話」に取り出す
窓口 .cells(7,3) = 学年	「学年」を表示する
窓口 .cells(7,4) = クラス	「クラス」を表示する
窓口 .cells(7,5) = 住所	「住所」を表示する
窓口 .cells(7,6) = 電話	「電話」を表示する
End if	（条件を満たさない場合の飛び先）
Next	縦を＋1して, For 文に戻る
End sub	

❗ 補足2　エラーに強いマクロ

　For を使ったマクロでも, Do を使ったマクロでも同じ結果が得られることが分かりました。
　それでは完全に同じかというと, 時に結果に大きな差が出ることがあります。たとえば誤ったデータを入力したときなどです。たとえば, データとして「田代健二」のつもりで「田代検事」を入力してしまったとき, Do 文を使用したマクロでは, 名前が見つからないまま探し続ける可能性があります（ときに探索に専念するあまり, 他の操作を受け付けなくなる「フリーズ」になる場合もある）。
　一方, For を使ったマクロは縦方向4～15行目だけを検索しますので, 見つからなければ何もせずに終了します。ですから, データエラーの可能性が高いときには, For 文を利用した方がよいことになります。今はここまで考慮する必要はありませんが, 将来においてマクロ作成を主導するような場合には, これらのことに対処できる「エラーに強いマクロ」を工夫する必要があります。

補足3　エラー処理について

　コード記入にミスがあったときはどうすればよいのでしょうか。
　下図は「縦＝縦＋1」を「縦＝＝縦＋1」と，「＝」を二重に記入したときのメッセージです。

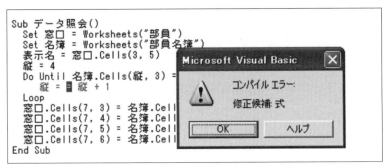

　このような間違いを「コンパイルエラー」といい，原則としてVBEはその間違いを教えてくれます。「OK」をクリックして，正しいコードを入力して訂正し，最後にリセットのアイコンをクリックします。
　一方，部員名を間違ってしまったような場合はどうでしょうか。たとえば，データで「秋山雄一」とすべきところを「秋元雄一」としてしまったような場合はどうなるでしょうか。同じようにエラーがあることは教えてくれましたが，どこが違っているは教えてくれません。実行段階で同じ名前が見つからないのでエラー発覚に至ったので，これを「実行時エラー」と言います。対処法としては，「終了」を押して処理を終了させます（あるいは，「デバッグ」を選択して，止まった箇所を確認する方法もあります）。
　この後「リセット」をクリックして，再度正しいデータを入力してから実行ボタンを押します。

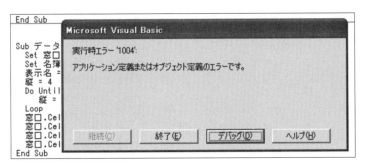

　なお，時にはマクロの実行が止まらなくなってしまうこともあります。こんなときは，とりあえずキーボードの Esc ボタンで実行を中断するか，あるいはそれも受け付けてもらえないときは最後の手段「強制終了（「Ctrl ＋ Alt ＋ Delete」）を実行して下さい。

補足4　エラーの種類

エラーには次のような種類があり，対処法も異なります。

① コンパイルエラー

　コードの構文や文法に間違いがあるエラーです。例のように「＝」を2つ書いてしまったような構文上の間違いは，VBE がエラーメッセージを表示し，問題のある部分を赤で示してくれます。これを特に「構文エラー」と言います。一方，If 文に対する End if の記述を忘れたような場合は，エラーはすぐには教えてくれず，実行時に問題を指摘してくれます。これを特別に「文法エラー」といいます。以上の2つをまとめてコンパイルエラーと言います。

② 実行時エラー

　マクロ実行中に起こるエラーで，参照するデータが見つからない，あるいは実行できない演算が含まれている，などによって起ります。このエラーでは，マクロの実行が中断され，エラー発生箇所のコードが黄色で表示されます。

③ 論理エラー

　構文にも，文法にも問題なく，実行時にもエラーが起こらないのに，処理結果がおかしいエラーです。この論理エラーは，エラーメッセージが表示されず一番厄介なエラーです。問題解決のためには，繰り返しテストを行うなどして，根気強く原因究明に努めます。

　この手のエラーを発見する方法として，シングルステップという方法があります。

　デバッグ（D）　⇨　ステップイン（I）をクリックします。

　すると，キーボードの「F8」を押すごとにコードが1行ずつ実行されていきます。それ以上進めない「問題ありのコード」の位置を見つけることができます。

　これ以外にも VBE にはデバック（エラーを発見し，修正すること）のための各種ツールが揃っています。機会があったら，いろいろ試してみてください。

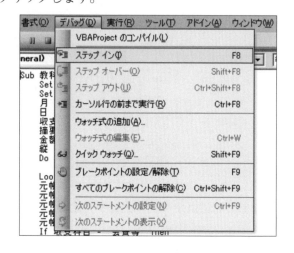

4-2 部員表示システム

クラブ名を入力し，所属する生徒の個人データ（学年・組・名前・連絡先）を表示するマクロを作成します。

（1）シートの設計

シート名：「部員検索窓口」 … データを入力し，結果を表示するシート
シート名：「生徒名簿」 … 検索元となるシート

●シート名：部員検索窓口（実行前）

●シート名：生徒名簿（検索元）

●シート名：部員検索窓口（実行後）

（2）マクロの作成

① シートの指定を容易にするために，2つのシート名を簡単な名前に置き換えます。

```
Set 窓 = worksheets("部員検索窓口")
Set 名 = worksheets("生徒名簿")
```

② クラブ名を取り出し，生徒名簿シートから同じクラブに所属する生徒データを探します。
　生徒名簿のデータは4～15行目にあるので，縦を4から15に変化させるFor文を使用します。

```
クラブ = 窓.cells（3,4）             '「クラブ」にデータを取り出す
 For 縦 = 4 to 15                    '4行目から15行目までを探索の範囲とする
 If 名.cells（縦,5）= クラブ then    '同じクラブならば
     学年 = 名.cells（縦,2）         '学年を取り出す
     組 = 名.cells（縦,3）           '組を取り出す
     名前 = 名.cells（縦,4）
     連絡先 = 名.cells（縦,6）
     《シート部員検索窓口の「所属部員一覧」へ転送するコード》
    End if
Next
```

　前問の名前検索ではDo文を使用していましたが，なぜ今回はDo文を使用しないか説明します。簡単に言ってしまえば，所属する部員を1人だけ見つけるのに対し，部員全員を見つける必要があるからです。よって，しっかり4～15行目の範囲を押さえ，繰返し検索する必要からFor文を使用します。

③　シート部員検索窓口の「所属生徒一覧」へ転送します。
　転送位置は7行目から始まっていますが，いつも7行目に転送すればよいとは限りません。右のように3名のデータが入っているときには，10行目にデータを送ることになります。よって，7～12行目の空いている行を探し，その行に転送することになります。空白行の検索になりますので，今までのようにDo文を利用するのがよいでしょう。
　このとき，行の変数として「縦」を利用したいところですが，すでにFor文で利用していますので再度「縦」を利用するのは避けるべきです。そこで，「縦」の代わりに「行」を使うことにします。

●シート部員検索窓口の「所属生徒一覧」へ転送するコード

```
行 = 7                               '行を7にする
Do until 窓.cells(行,2) = ""         '空いているセルが見つかるまで
  行 = 行 + 1                        '行を＋1する
Loop                                 'Do文に戻れ
```

```
窓.cells(行,2) = 学年              '学年を表示
窓.cells(行,3) = 組
窓.cells(行,4) = 名前
窓.cells(行,5) = 連絡先
```

この部分を,前のコードの途中に差し込めばマクロは完成です。

④ これで終わりにしたいとこなのですが,実は追加すべき処理がまだ残っています。たとえばテニス部員を表示しようとする場合,前に処理した野球部のデータが残っていたらどうなるでしょうか。ご推察通り,野球部員の下にテニス部員が表示されてしまいます。部員が多いと思ったら,別のクラブの部員が混ざっていたのでは欠陥マクロです。そこで,残っている前データを消去する処理を挿入します。この処理は,マクロの前半に挿入するのが無難です。

○前のデータを消去するコード
```
For 縦 = 7 to 12
 For 横 = 2 to 5
  窓.cells(縦,横) = ""              '縦・横の指定するセルを空白にする
 Next
Next
```

ここでも「縦」を使用していますが,For 文とは無関係なので問題はありません。

最終的なマクロは次のようになります。

```
Sub 部員表示システム()
Set 窓 = worksheets("部員検索窓口")
Set 名 = worksheets("生徒名簿")
For 縦 = 7 to 12
  For 横 = 2 to 5
    窓.cells(縦,横) = ""
  Next
Next
クラブ = 窓.cells(3,4)
  For 縦 = 4 to 15
    If 名.cells(縦,5) = クラブ then

      学年 = 名.cells(縦,2)
      組 = 名.cells(縦,3)
      名前 = 名.cells(縦,4)
```

```
            連絡先 = 名.cells(縦,6)
行 = 7
Do until 窓.cells(行,2) = ""
        行 = 行 + 1
Loop
窓.cells(行,2) = 学年
窓.cells(行,3) = 組
窓.cells(行,4) = 名前
窓.cells(行,5) = 連絡先
    End if
 Next
End sub
```

別解となるマクロを次に示します。同じ結果が得られることを確認しておいてください。

```
Sub 部員表示システム別解()
Set 窓 = worksheets("部員検索窓口")
Set 名 = worksheets("生徒名簿")
For 縦 = 7 to 12
  For 横 = 2 to 5
     窓.cells(縦,横) = ""
  Next
Next
クラブ = 窓.cells(3,4)
行 = 7
  For 縦 = 4 to 15
    If 名.cells(縦,5) = クラブ then
      学年 = 名.cells(縦,2)
      組 = 名.cells(縦,3)
      名前 = 名.cells(縦,4)
 連絡先 = 名.cells(縦,5)
窓.cells(行,2) = 学年
窓.cells(行,3) = 組
窓.cells(行,4) = 名前
窓.cells(行,5) = 連絡先
行 = 行 + 1
    End if
 Next
End sub
```

4-3 成績表示システム

生徒の出席番号を入力し「成績表示」ボタンを押すと，中間・期末試験の結果が表示されるマクロです。

（1）シートの設計

次の3枚のシートを設計します。処理の流れは，下図①〜③に示す通りです。

シート名:「個人票」:個人データを表示するシート。ただしボタンは配置しません。

● シート名：個人票

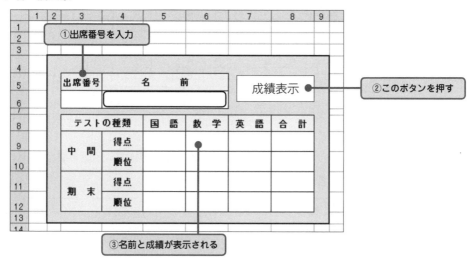

シート名:「中間試験」:中間試験データを記録するシート

● シート名：中間試験

出席番号	名前	国語		数学		英語		合計	
		得点	順位	得点	順位	得点	順位	得点	順位
1	横浜太郎	40	4	45	1	50	1	135	3
2	千葉明美	50	1	39	4	48	3	137	2
3	名古星伸	25	9	15	12	30	8	70	10
4	広島夕香	45	3	35	7	30	8	110	7
5	神戸四郎	21	11	19	11	20	12	60	11
6	京都五郎	12	12	25	8	22	11	59	12
7	福岡彩子	36	6	45	1	50	1	131	4
8	川崎香織	50	1	45	1	47	4	142	1
9	大阪次郎	33	8	24	10	35	7	92	8
10	仙台知美	36	6	37	6	38	5	111	6
11	札幌三郎	22	10	25	8	28	10	75	9
12	堺ちはる	40	4	39	4	38	5	117	5

シート名：「期末試験」…期末試験データを記録するシート

●シート名：期末試験

出席番号	名前	国語 得点	国語 順位	数学 得点	数学 順位	英語 得点	英語 順位	合計 得点	合計 順位
1	横浜太郎	39	6	32	7	44	3	115	5
2	千葉明美	45	2	50	1	45	2	140	1
3	名古屋寛	45	2	25	9	25	12	95	9
4	広島夕香	30	9	15	12	35	7	80	11
5	神戸四郎	33	7	43	3	47	1	123	3
6	京都五郎	25	10	44	2	29	10	98	8
7	福岡彩子	33	7	40	4	44	3	117	4
8	川崎香織	45	2	40	4	40	5	125	2
9	大阪次郎	50	1	23	11	39	6	112	6
10	仙台知美	24	12	33	6	29	10	86	10
11	札幌三郎	25	10	25	9	30	9	80	11
12	堺ちはる	44	5	31	8	31	8	106	7

（2）マクロの作成

① シート名の設定をします。

セルを指定するときは，3枚のシートのどれかに属するかを明示しなくてはなりません。
よって，各シート名を簡単な名前に置き換えます。

```
Set 個人 = worksheets("個人票")
Set 中間 = worksheets("中間試験")
Set 期末 = worksheets("期末試験")
    縦 = 縦 + 1
Loop
```

これにより，本来ならたとえば「worksheets("個人票").cells(10,5)」とするセル指定が「個人.cells(10,5)」で済みます。セル指定を繰返し行うときには大変便利です。

② 対象生徒の検索をします。

出席番号を手がかりに個人データを見つけます。出席番号の入っているセル(6,3)のデータを「番号」に取り出します。この「番号」と同じものを，中間試験一覧表3列目の7行目から順に見つけていきます。

```
番号 = 個人.cells(6,3)           '出席番号を「番号」に取り出す
縦 = 7                            '「縦」を7（行目）にする
Do until 中間.cells(縦,3) = 番号  '「番号」と同じ出席番号が見つかるまで
    縦 = 縦 + 1                   '「縦」を1ずつ増やしていく
Loop                              '繰り返せ
```

※説明文の前の「'」は，コードとして認識させないものです。したがって，何を記入しても，エラー指摘されることはありません。

ここまでの動きを図示します。

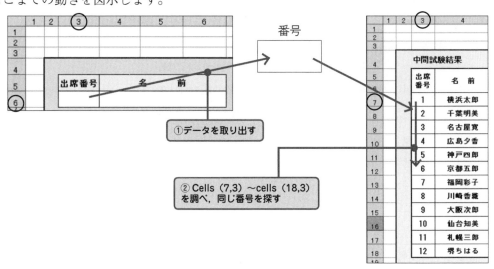

③ データの転送をします。

中間試験一覧表から「縦」が指定する行の個人データを取り出し，個人票に転記します。

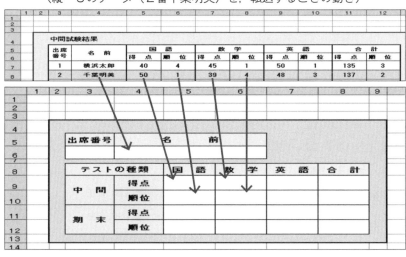

（縦＝8のデータ（2番千葉明美）を，転送するときの動き）

```
名前 = 中間.cells(縦,4)       '名前を取り出す
国語得点 = 中間.cells(縦,5)    '国語の得点を取り出す
国語順位 = 中間.cells(縦,6)    '国語の順位を取り出す
数学得点 = 中間.cells(縦,7)
数学順位 = 中間.cells(縦,8)
英語得点 = 中間.cells(縦,9)
```

```
英語順位 = 中間.cells(縦,10)
合計得点 = 中間.cells(縦,11)
合計順位 = 中間.cells(縦,12)
個人.cells(6,4) = 名前           '名前を個人票に転記
個人.cells(9,5) = 国語得点       '国語の得点を個人票に転記
個人.cells(10,5) = 国語順位      '国語の順位を個人票に転記
個人.cells(9,6) = 数学得点
個人.cells(10,6) = 数学順位
個人.cells(9,7) = 英語得点
個人.cells(10,7) = 英語順位
個人.cells(9,8) = 合計得点
個人.cells(10,8) = 合計順位
```

同様に期末試験の結果も取り出します。なお,「中間試験」と「期末試験」のシートは,書式が全く同じなので,あらためて「縦」の値を求めなくても,「中間試験」のときに使った縦をそのまま使えます。したがって,次のようなコードになります。

```
国語得点 = 期末.cells(縦,5)      '国語の得点を取り出す
国語順位 = 期末.cells(縦,6)      '国語の順位を取り出す
数学得点 = 期末.cells(縦,7)
数学順位 = 期末.cells(縦,8)
英語得点 = 期末.cells(縦,9)
英語順位 = 期末.cells(縦,10)
合計得点 = 期末.cells(縦,11)
合計順位 = 期末.cells(縦,12)
個人.cells(11,5) = 国語得点      '国語の得点を個人票に転記
個人.cells(12,5) = 国語順位      '国語の順位を個人票に転記
個人.cells(11,6) = 数学得点
個人.cells(12,6) = 数学順位
個人.cells(11,7) = 英語得点
個人.cells(12,7) = 英語順位
個人.cells(11,8) = 合計得点
個人.cells(12,8) = 合計順位
```

最後に印字をして終了です。

```
個人.printout                              'シート個人票を印刷。ただしボタンは印刷されない
```

最終的なマクロコードは次のようになります。

```
Sub 試験結果表作成()
  Set 個人 = worksheets("個人票")
  Set 中間 = worksheets("中間試験")
  Set 期末 = worksheets("期末試験")
  番号 = 個人.cells(6,3)
  縦 = 7
  Do until 中間.cells(縦,3) = 番号
    縦 = 縦 + 1
  Loop
  出席番号 = 中間.cells(縦,3)
  名前 = 中間.cells(縦,4)
  国語得点 = 中間.cells(縦,5)
  国語順位 = 中間.cells(縦,6)
  数学得点 = 中間.cells(縦,7)
  数学順位 = 中間.cells(縦,8)
  英語得点 = 中間.cells(縦,9)
  英語順位 = 中間.cells(縦,10)
  合計得点 = 中間.cells(縦,11)
  合計順位 = 中間.cells(縦,12)
  個人.cells(6,3) = 出席番号
  個人.cells(6,4) = 名前
  個人.cells(9,5) = 国語得点
  個人.cells(10,5) = 国語順位
  個人.cells(9,6) = 数学得点
  個人.cells(10,6) = 数学順位
  個人.cells(9,7) = 英語得点
  個人.cells(10,7) = 英語順位
  個人.cells(9,8) = 合計得点
  個人.cells(10,8) = 合計順位
  国語得点 = 期末.cells(縦,5)
  国語順位 = 期末.cells(縦,6)
```

```
        数学得点 = 期末.cells(縦,7)
        数学順位 = 期末.cells(縦,8)
        英語得点 = 期末.cells(縦,9)
        英語順位 = 期末.cells(縦,10)
        合計得点 = 期末.cells(縦,11)
        合計順位 = 期末.cells(縦,12)
        個人.cells(11,5) = 国語得点
        個人.cells(12,5) = 国語順位
        個人.cells(11,6) = 数学得点
        個人.cells(12,6) = 数学順位
        個人.cells(11,7) = 英語得点
        個人.cells(12,7) = 英語順位
        個人.cells(11,8) = 合計得点
        個人.cells(12,8) = 合計順位
        個人.printout
End sub
```

　マクロをVBEのコードウィンドウに貼り付けるなど，以後の操作は各自で実行してください。

　サンプルデータを入力してテストランを実行し，エラーがなければ完成です。

4-4 成績票作成システム

生徒全員分の成績票を印字していくマクロを作成します。

使用するシートは「成績個人票」と「成績一覧表」です。なお,「成績一覧表」のデータ件数は10とします。

(1) シートの設計

● シート名:成績個人票

	1	2	3	4	5	6	7	8	9	10	11
1											
2		平成〇〇年度　前期中間試験結果									
3											
4		学　年		組				成績票の印			
5		出席番号		名　前							
6											
7		科　目		国語表現I	世界史A	現代社会	数学基礎	理科基礎	英語I	情報A	合　計	クラス順位
8		得　点									
9		組平均									
10											

● シート名:成績一覧表

	2	3	4	5	6	7	8	9	10	11	12	13
1												
2	平成〇〇年度　前期中間試験　成績一覧表											
3												
4	学年	1	組	1								
5												
6	出席番号	名　前		国語表現	世界史A	現代社会	数学基礎	理科基礎	英語I	情報A	合計	順位
7	1	〇〇〇〇〇〇		××	××	××	××	××	××	××	×××	××
8	2	〇〇〇〇〇〇		××	××	××	××	××	××	××	×××	××
9	3	〇〇〇〇〇〇		××	××	××	××	××	××	××	×××	××
10	4	〇〇〇〇〇〇		××	××	××	××	××	××	××	×××	××
11	5	〇〇〇〇〇〇		××	××	××	××	××	××	××	×××	××
12	6	〇〇〇〇〇〇		××	××	××	××	××	××	××	×××	××
13	7	〇〇〇〇〇〇		××	××	××	××	××	××	××	×××	××
14	8	〇〇〇〇〇〇		××	××	××	××	××	××	××	×××	××
15	9	〇〇〇〇〇〇		××	××	××	××	××	××	××	×××	××
16	10	〇〇〇〇〇〇		××	××	××	××	××	××	××	×××	××
17		平均点		××	××	××	××	××	××	××	×××	

（2）マクロの作成

　出席番号1番から10番までの生徒の成績を印刷していきます。1番の生徒データは，「成績一覧表」の7行目から始まっていますので，7～16行目の個人データを取り出し印刷することになります。

　①　シート名を簡単な名前に置き換えます。

```
Set 個人 = worksheets("成績個人票")     '成績個人票は「個人」になる
Set 一覧 = worksheets("成績一覧表")     '成績一覧表は「一覧」になる
```

　②　成績一覧表から学年と組を取り出し，成績個人票に転記します。

```
学年 = 一覧.cells(4,3)              '成績一覧表から学年を取り出す
組 = 一覧.cells(4,5)                '    〃    から組を取り出す
個人.cells(4,3) = 学年              '成績個人票に学年を転記
個人.cells(4,5) = 組                '    〃    に組を転記
```

　③　成績一覧表の7～16行目のデータを処理します。

```
For 行 = 7 to 16                    '行が7から16になるまで繰り返す
  <（4）データを取り出し印刷するコード群>
Next                                '行を＋1してfor文に戻る
```

　「For 縦=7 to 16　～　Next」は次のような動きをします。

　最初は「縦=7」でその下の命令を実行し，「Next」で「縦」を「+1」して戻ってきます。次は「縦=8」の処理を同様に行います。以後，縦が9～16についても繰り返します。ただし，「縦=16」の処理を行った後は「Next」の外に出て終わります。

　④　データを取り出します。

　成績一覧表からデータを取り出ます。

```
出席番号 = 一覧.cells(行,2)         '成績一覧表から出席番号を取り出す
名前 = 一覧.cells(行,3)
国語 = 一覧.cells(行,5)
世界史 = 一覧.cells(行,6)
社会 = 一覧.cells(行,7)
数学 = 一覧.cells(行,8)
理科 = 一覧.cells(行,9)
英語 = 一覧.cells(行,10)
情報 = 一覧.cells(行,11)
```

```
合計 = 一覧.cells(行,12)
順位 = 一覧.cells(行,13)
国語平均 = 一覧.cells(17,5)
世界史平均 = 一覧.cells(17,6)
社会平均 = 一覧.cells(17,7)
数学平均 = 一覧.cells(17,8)
理科平均 = 一覧.cells(17,9)
英語平均 = 一覧.cells(17,10)
情報平均 = 一覧.cells(17,11)
合計平均 = 一覧.cells(17,12)
```

成績個人票に転記します。

```
個人.cells(5,3) = 出席番号           '出席番号を個人票に転記する
個人.cells(5,5) = 名前
個人.cells(8,3) = 国語
個人.cells(9,3) = 国語平均
個人.cells(8,4) = 世界史
個人.cells(9,4) = 世界史平均
個人.cells(8,5) = 現代社会
個人.cells(9,5) = 現代社会平均
個人.cells(8,6) = 数学
個人.cells(9,6) = 数学平均
個人.cells(8,7) = 理科
個人.cells(9,7) = 理科平均
個人.cells(8,8) = 英語
個人.cells(9,8) = 英語平均
個人.cells(8,9) = 情報
個人.cells(9,9) = 情報平均
個人.cells(8,10) = 合計
個人.cells(9,10) = 合計平均
個人.cells(8,11) = 順位
```

⑤ 成績個人票を印刷します。

個人.printout	'成績個人票のシートを印字する

完成したマクロを示します。

```
Sub 成績個人票作成()
  Set 個人 = worksheets("成績個人票")
  Set 一覧 = worksheets("成績一覧表")
  学年 = 一覧.cells(4,3)              '成績一覧表から学年を取り出す
  組 = 一覧.cells(4,5)                '成績一覧表から組を取り出す
  個人.cells(4,3) = 学年              '成績個人票に学年を転記
  個人.cells(4,5) = 組                '成績個人票に組を転記
  For 行 = 7 to 16                    '行が7から16になるまで繰り返す
    出席番号 = 一覧.cells(行,2)        '成績一覧表から出席番号を取り出す
    名前 = 一覧.cells(行,3)
    国語 = 一覧.cells(行,5)
    世界史 = 一覧.cells(行,6)
    社会 = 一覧.cells(行,7)
    数学 = 一覧.cells(行,8)
    理科 = 一覧.cells(行,9)
    英語 = 一覧.cells(行,10)
    情報 = 一覧.cells(行,11)
    合計 = 一覧.cells(行,12)
    順位 = 一覧.cells(行,13)
    国語平均 = 一覧.cells(17,5)
    世界史平均 = 一覧.cells(17,6)
    社会平均 = 一覧.cells(17,7)
    数学平均 = 一覧.cells(17,8)
    理科平均 = 一覧.cells(17,9)
    英語平均 = 一覧.cells(17,10)
    情報平均 = 一覧.cells(17,11)
    合計平均 = 一覧.cells(17,12)
    個人.cells(5,3) = 出席番号         '出席番号を個人票に転記する
    個人.cells(5,5) = 名前
    個人.cells(8,3) = 国語
    個人.cells(9,3) = 国語平均
```

```
        個人.cells(8,4) = 世界史
        個人.cells(9,4) = 世界史平均
        個人.cells(8,5) = 現代社会
        個人.cells(9,5) = 現代社会平均
        個人.cells(8,6) = 数学
        個人.cells(9,6) = 数学平均
        個人.cells(8,7) = 理科
        個人.cells(9,7) = 理科平均
        個人.cells(8,8) = 英語
        個人.cells(9,8) = 英語平均
        個人.cells(8,9) = 情報
        個人.cells(9,9) = 情報平均
        個人.cells(8,10) = 合計
        個人.cells(9,10) = 合計平均
        個人.cells(8,11) = 順位
        個人.printout              '成績個人票の印刷
    Next
End sub
```

これで完成です。テストランを実施し，正しい結果が得られるか検証してください。

マクロの行数削減

マクロはかなりの行数になってしまいました。そこでマクロの行数を減らすことを考えます。

① 減らす箇所として，「学年 = 一覧.cells(4,3)」以降の数十行を考えます。
② 「学年 = 一覧.cells(4,3)」ですが，これは下の「個人.cells(4,3) = 学年」と対になっていることが分かります。すなわち，「学年」にデータを取り出し，次にその「学年」を個人票へ転記しているのです。よって，「個人.cells(4,3) = 一覧.cells(4,3)」とすれば，この2つのステートメントが1つで済んでしまいます。

　　よってコードを書きなおすと次のようになります。

元のコード	簡略化したコード
学年 = 一覧.cells(4,3)	個人.cells(4,3) = 一覧.cells(4,3)
組 = 一覧.cells(4,5)	個人.cells(4,5) = 一覧.cells(4,5)
個人.cells(4,3) = 学年	For 行 = 7 to 16
個人.cells(4,5) = 組	個人.cells(5,3) = 一覧.cells(行,2)
For 行 = 7 to 16	個人.cells(5,5) = 一覧.cells(行,3)

```
出席番号 = 一覧.cells(行,2)
名前 = 一覧.cells(行,3)
国語 = 一覧.cells(行,5)
世界史 = 一覧.cells(行,6)
社会 = 一覧.cells(行,7)
数学 = 一覧.cells(行,8)
理科 = 一覧.cells(行,9)
英語 = 一覧.cells(行,10)
情報 = 一覧.cells(行,11)
合計 = 一覧.cells(行,12)
順位 = 一覧.cells(行,13)
国語平均 = 一覧.cells(17,5)
世界史平均 = 一覧.cells(17,6)
社会平均 = 一覧.cells(17,7)
数学平均 = 一覧.cells(17,8)
理科平均 = 一覧.cells(17,9)
英語平均 = 一覧.cells(17,10)
情報平均 = 一覧.cells(17,11)
合計平均 = 一覧.cells(17,12)
個人.cells(5,3) = 出席番号
個人.cells(5,5) = 名前
個人.cells(8,3) = 国語
個人.cells(9,3) = 国語平均
個人.cells(8,4) = 世界史
個人.cells(9,4) = 世界史平均
個人.cells(8,5) = 現代社会
個人.cells(9,5) = 現代社会平均
個人.cells(8,6) = 数学
個人.cells(9,6) = 数学平均
個人.cells(8,7) = 理科
個人.cells(9,7) = 理科平均
個人.cells(8,8) = 英語
個人.cells(9,8) = 英語平均
個人.cells(8,9) = 情報

個人.cells(8,3) = 一覧.cells(行,5)
個人.cells(9,3) = 一覧.cells(17,5)
個人.cells(8,4) = 一覧.cells(行,6)
個人.cells(9,4) = 一覧.cells(17,6)
個人.cells(8,5) = 一覧.cells(行,7)
個人.cells(9,5) = 一覧.cells(17,7)
個人.cells(8,6) = 一覧.cells(行,8)
個人.cells(9,6) = 一覧.cells(17,8)
個人.cells(8,7) = 一覧.cells(行,9)
個人.cells(9,7) = 一覧.cells(17,9)
個人.cells(8,8) = 一覧.cells(行,10)
個人.cells(9,8) = 一覧.cells(17,10)
個人.cells(8,9) = 一覧.cells(行,11)
個人.cells(9,9) = 一覧.cells(17,11)
個人.cells(8,10) = 一覧.cells(行,12)
個人.cells(9,10) = 一覧.cells(17,12)
個人.cells(8,11) = 一覧.cells(行,13)
```

```
個人.cells(9,9) = 情報平均
個人.cells(8,10) = 合計
個人.cells(9,10) = 合計平均
個人.cells(8,11) = 順位
```

③　さらに簡単にすることも可能です。国語の得点・平均点を成績個人票に転記するところを考えます。

```
個人.cells(8,3) = 一覧.cells(行,5)
個人.cells(9,3) = 一覧.cells(17,5)
```

　左辺の列指定「3」という数字に注目してください。
　この「3」は，これに続くコードの並びでは「4」「5」…「11」と変化していきます。
　ゆえに変数を「横」としますと，次のFor文が利用できます。

　　　　For 横 = 3 to 11

次に右辺の列指定「5」ですが，同様に「6」「7」…「13」と変化していきます。
これは上で指定した「左辺の列」に＋2した値です。つまり，セルの指定を行うとき「横＋2」とすれば良いことになります。変更したコードが，下の右側です。

元のコード	For Next を利用したコード
個人.cells(8,3) = 一覧.cells(行,5)	For 横 = 3 to 11
個人.cells(9,3) = 一覧.cells(17,5)	個人.cells(8,横) = 一覧.cells(行,横+2)
個人.cells(8,4) = 一覧.cells(行,6)	個人.cells(9,横) = 一覧.cells(17,横+2)
個人.cells(9,4) = 一覧.cells(17,6)	Next
個人.cells(8,5) = 一覧.cells(行,7)	個人.printout
個人.cells(9,5) = 一覧.cells(17,7)	
個人.cells(8,6) = 一覧.cells(行,8)	
個人.cells(9,6) = 一覧.cells(17,8)	
個人.cells(8,7) = 一覧.cells(行,9)	
個人.cells(9,7) = 一覧.cells(17,9)	
個人.cells(8,8) = 一覧.cells(行,10)	
個人.cells(9,8) = 一覧.cells(17,10)	
個人.cells(8,9) = 一覧.cells(行,11)	
個人.cells(9,9) = 一覧.cells(17,11)	
個人.cells(8,10) = 一覧.cells(行,12)	
個人.cells(9,10) = 一覧.cells(17,12)	

| 個人.cells(8,11) = 一覧.cells(行,13) |
| 個人.printout |

※このマクロでは左にない次のコード「個人.cells(9,11) = 一覧.cells(17,13)」を実行することになります。問題はないのか？と心配になりますが右辺が空白なので問題はありません。

「一覧.cells(行,横+2)」について，「こんな使い方あり？」の疑問を持つ方もいらっしゃるかもしれませんが全く問題ありません。これで随分コンパクトなマクロになりました。

簡略化したマクロは次の通りです。

```
Sub 成績個人票作成()
   Set 個人 = worksheets("成績個人票")
   Set 一覧 = worksheets("成績一覧表")
   個人.cells(4,3) = 一覧.cells(4,3)           '学年を転記
   個人.cells(4,5) = 一覧.cells(4,5)           '組を転記
   For 行 = 7 to 16                            '一覧表の7行目から16行目まで処理
      個人.cells(5,3) = 一覧.cells(行,2)        '出席番号を転記
      個人.cells(5,5) = 一覧.cells(行,3)        '名前を転記
      For 横 = 3 to 11
         個人.cells(8,横) = 一覧.cells(行,横+2)    '教科得点を転記
         個人.cells(9,横) = 一覧.cells(17,横+2)   '教科平均点を転記
      Next
      個人.printout                             '成績個人票の印刷
   Next
End sub
```

ところで2つのマクロについて，どちらのほうが優れたマクロでしょうか。後に示したマクロの方が簡潔でよいように思えますが，一番大切なのは「分かりやすさ」です。「分かりやすさ」は本来主観的なものですので，携わる人々によって「良し」とするマクロは異なることになります。

人々のITスキルのレベル，習熟度などが「良し」の判断基準に影響している，は言うまでもありません。したがって，どんな場合でもコンパクトなマクロがよいのではなく，マクロに係る多くの人々に承認され，受け入れられているマクロこそが，結局のところ優れていることになるのです。ですから，無理してコンパクトなマクロを作る必要は全くありません。身の丈に合ったマクロを作成していくことが，大切になるでしょう。

4-5 教科研究会の会計管理

入力したデータを，別のシートに転記するマクロを作成します。

「入力窓口」で入力したデータを，「研究会収支元帳」に転記するマクロです。今までの復習的な例題ですので，それほど詳しい説明はいらないでしょう。

（1）シートの設計

「入力窓口」「収支元帳」の様式は，次の通りです。

●シート名：入力窓口

データの転記

●シート名：収支元帳

(2) マクロの作成

① シートに関するオブジェクトを，簡単な変数に置き換えます。

```
Set 窓口 = worksheets(" 入力窓口 ")
Set 元帳 = worksheets(" 収支元帳 ")
```

② セル入力データを，適当な変数名に取り出します。

```
月 = 窓口.cells(7,3)
日 = 窓口.cells(7,4)
収支科目 = 窓口.cells(7,5)
摘要 = 窓口.cells(7,6)
金額 = 窓口.cells(7,7)
```

③ 収支元帳のシートの空いている行を見つけます。

「縦」を5にした上で，空白（""）になっているところまで「縦」を1ずつ増やしていきます。なお，空白セルの発見は「月」の列で行います。

cells（縦,2）すなわち「月」の列で「""(空白)」になっている場所を探していく。この例では「縦＝9」で空白行が発見された

```
縦 = 5
Do until 元帳.cells( 縦 ,2) = ""
縦 = 縦 + 1
Loop
```

Loopを抜け出たとき，「縦」は空白セルの行番号を示しています。

④ 収支元帳にデータを転送します。

```
元帳.cells(縦,2) = 月
元帳.cells(縦,3) = 日
元帳.cells(縦,4) = 収支科目
元帳.cells(縦,5) = 摘要
元帳.cells(縦,6) = 金額
```

⑤ 「残高」の金額を求めます。

　月初めに当たる5行目は「前期繰越」以下データ入力済みとします。したがって，この行については「入力窓口」からデータを転記してくる必要はありません。

　よって，6行目以降の「残高」を求めることを考えます。ここでは収支科目によって「残高」を求める計算式が異なることに注意が必要です。

　すなわち，収支項目が「会費等」のときは「1行前の残高」に「金額」を加え，それ以外のときは，「1行前の残高」から「金額」を差引き，その行の「残高」を求めます。

　コードで表現すると以下のようになります。

```
If 収支科目 = "会費等" then
    残高 = 元帳.cells(縦 - 1, 7) + 金額
  Else
    残高 = 元帳.cells(縦 - 1, 7) - 金額
End if
元帳.cells(縦,7) = 残高
```

「If 収支科目 = "会費等" then」で，「収支科目」が「会費等」の文字になっているかどうか判定します。「会費等」のつもりで「会費」を誤って入力したときは，当たり前のことですが収入科目として認識されず，Else 以下の「差引き計算」が適用されます。

　次に，セル指定の「縦−1」ですが，これは空白行の「1つ手前の行」を指定しています。これを使用することで，「前の残高」に「金額」を加算（または減算）して「残高」を求めることができます。

　これでマクロは終わりです。次頁に最終的なマクロコードを示します。

```
Sub　教科研究会()
  Set 窓口 = worksheets("入力窓口")
  Set 元帳 = worksheets("収支元帳")
  月 = 窓口.cells(7,3)
  日 = 窓口.cells(7,4)
  収支科目 = 窓口.cells(7,5)
  摘要 = 窓口.cells(7,6)
  金額 = 窓口.cells(7,7)
  縦 = 5                                             '縦＝6 でも可
  Do until 元帳.cells(縦,2) = ""
     縦 = 縦 + 1
  Loop
  元帳.cells(縦,2) = 月
  元帳.cells(縦,3) = 日
  元帳.cells(縦,4) = 収支科目
  元帳.cells(縦,5) = 摘要
  元帳.cells(縦,6) = 金額
  If 収支科目 = "会費等" then
     残高 = 元帳.cells(縦-1,7) + 金額
   Else
     残高 = 元帳.cells(縦-1,7) - 金額
  End if
  元帳.cells(縦,7) = 残高
End sub
```

4-6 教科研究会の会計管理（応用）

前回作成した教科研究会の会計管理システムを少し変更してみます。変更点は次の通りです。
① データ転記後，入力窓口のデータを消去します。
　入力データが残っていると二重処理してしまう可能性があります。実行ボタンを押して処理が完了したら，入力データが消えるようにします。

② 会費等・事務費・通信費・消耗品費・雑費　の5シートを設け，該当シートに転記します。

（1）シートの設計

「会費等」「事務費」「通信費」「消耗品費」「雑費」の各シートは，下図を参照してデザインします。なお，「入力窓口」・「収支元帳」の両シートは前問と同じとします。

（2）マクロの作成

① 収支科目ごとにシートの指定をします。

「入力窓口」で「収支科目」として「会費等」が入力されたとき，「収支元帳」への転記の他に，シート「会費等」にも転記することになります。「事務費」が入力されたときは，もちろんシート「事務費」への転記です。どんな費目が入力されてくるか分からないのに，該当するシートを見つけ，そこに転記するにはどうしたらよいのでしょうか。

いずれかを指定する

5つのシートのいずれかを指定する方法に，次の「シートの間接指定」があります。

> **!** シートの間接指定
>
> ● 入力窓口シートの7行5列目にある収支科目データを，「収支科目」に取り出します。

```
Set 窓口 = worksheets("入力窓口")      'シート入力窓口を窓口に置き換える
収支科目 = 窓口.cells(7,5)              '収支科目にデータを取り出す
```

● 「収支科目」で指定したオブジェクトを，「口座」という変数に置き換えます。

```
Set 口座 = worksheets（収支科目）       '収支科目が示すシートを口座に置換える
```

「口座」が指定するシートは，「会費等」～「雑費」のいずれかになります。たとえば，「収支科目」が"消耗品費"のときは，「口座」はシート「消耗品費」を指定することになります。
　つまり，「収支科目」の内容自体が，シートを指定していることになります。
　なお，「worksheets("収支科目")」のように引用符""で囲んでしまいますと，シート「収支科目」それ自体になり，間接指定にはなりませんので注意が必要です。

② 転送先の「合計」の金額を出します。
先頭の5行目の「合計」は，「金額」と同じ金額を入れます。
それ以降の行では，「前の行の合計」に「金額」を加算して「合計」を求めます

コードで示すと次のようになります。

```
If 縦 = 5 then
    口座.cells(縦,6) = 金額
  Else
    口座.cells(縦,6) = 口座.cells(縦 - 1, 6) + 金額
End if
```

ここで使っている「縦」は，前問と同じく空白行を示す行番号です。

以上を踏まえ作成したのが，次頁のマクロです。

```
Sub 教研追加()
  Set 窓口 = worksheets("入力窓口")
  Set 元帳 = worksheets("収支元帳")
  月 = 窓口.cells(7,3)
  日 = 窓口.cells(7,4)
  収支科目 = 窓口.cells(7,5)
  金額 = 窓口.cells(7,7)
  縦 = 5                                        '収支元帳の空白行を探す
  Do until 元帳.cells(縦,2) = ""
    縦 = 縦 + 1
  Loop
  元帳.cells(縦,2) = 月                          '収支元帳に転記
  元帳.cells(縦,3) = 日
  元帳.cells(縦,4) = 収支科目
  元帳.cells(縦,5) = 摘要
  元帳.cells(縦,6) = 金額
  If 収支科目 = "会費等" then
    残高 = 元帳.cells(縦 + 1,7) + 金額
  Else
    残高 = 元帳.cells(縦 + 1,7) - 金額
  End if
  元帳.cells(縦,7) = 残高
  Set 口座 = worksheets(収支科目)                 'シートの間接指定
  縦 = 5
  Do until 口座.cells(縦,2) = ""                 '口座が示すシートの空白行を探す
    縦 = 縦 + 1
  Loop
  口座.cells(縦,2) = 月                          '転記
  口座.cells(縦,3) = 日
  口座.cells(縦,4) = 摘要
  口座.cells(縦,6) = 金額
  If 縦 = 5 then                                '先頭行なら
    口座.cells(縦,6) = 金額                      '金額を残高に入れる
  Else
    口座.cells(縦,6) = 口座.cells(縦 - 1,6) + 金額 '旧残高に加算
  End if
  窓口.cells(7,3) = ""                          '窓口のデータを消去する
  窓口.cells(7,4) = ""
  窓口.cells(7,5) = ""
  窓口.cells(7,6) = ""
  窓口.cells(7,7) = ""
End sub
```

4-7 出席点呼のマクロ

　遠足・修学旅行等の自主見学において行われる点呼確認を，パソコンを利用して行ってみましょう。点呼確認のマクロが今回の例題です。
　「クラス数2（1組・2組）・在籍数各組12名」の最低条件でマクロを作りますが，もちろん「クラス数6・在籍数各組40名」に変更してもマクロの基本は同じです。

　今回は2つのマクロを作成します。各マクロと処理内容は次の通りです。

班員表示のマクロ
　「出席点呼窓口」に組・班を入力し，「班員表示」ボタンを押します。
　すると所属する生徒の「番号」と「名前」が表示されます。

点呼確認処理のマクロ
　全員そろっていることが確認できたら，「点呼確認処理」ボタンを押します。
　すると，「点呼状況表示」の該当班に「○」が記入されるとともに，該当する生徒の「点呼確認」欄に○が記入されます。

　それぞれのマクロの作成に入ります。

1　班員表示のマクロ

　このマクロは，入力した「組」「班」を手掛かりに所属する生徒の「番号」「名前」を探して表示するものです。ここでのポイントは，所属クラスが違うと検索するシートが違うというこ

とです。1組所属なら「クラス1」，2組所属なら「クラス2」のシートから見つけてきます。そこで入力した「組」から，検索先のシートを確定する必要があります。

シート指定に関して，次のような便利な方法があります。

Set クラス ＝worksheets(" クラス " & 組)

「＆（半角）」は見慣れた記号ですが，発音はアンパーサンドとなります。これは「" クラス "」という文字に「組」の値を付け足す役割を果たします。ですから「組」が1（半角）なら，「クラス1」を表すことになります。同様に「クラス2」「クラス3」と，「組」を付加したシートを「クラス」に置き換えることができます。コードを見てみましょう

```
Set 窓 = worksheets(" 点呼窓口 ")     'シート点呼窓口を「窓」に置き換える
組 = 窓.cells(4,4)                    'クラスを「組」に取り出す
班 = 窓.cells(4,5)                    '班を「班」に取り出す
Set クラス = worksheets(" クラス " & 組)  '「組」指定シートを「クラス」とする
```

次に，班に属する生徒の「番号」「名前」を取り出すことになります。

仮に「1組3班」とするなら，「班」が表示されている4列目について，縦方向4行目から順に「3」が入っているセルを，最後の15行目まで見つけていくことになります。

見つかったときには，該当生徒の「番号」「名前」を取り出します。

4列目4〜15行目の範囲で，「班」と同じ数字を見つける。見つかったら「番号」「名前」を取り出す

```
For 行 = 4 to 15                       '「行」の値が4から15まで繰り返す
  If クラス.cells( 行 ,4) = 班 then    '同じ「班」が見つかれば
    番号 = クラス.cells( 行 ,2)         '番号を取り出す
    名前 = クラス.cells( 行 ,3)         '名前を取り出す
    ≪番号と名前を「班員表示」に転送≫
  End if
Next                                    '「行」の値に＋1してFor文に戻る
```

> ≪番号と名前を「班員表示」に転送≫のコード

班員表示の場所は，シート点呼表示の4・5列目，9行目以降14行目までの空白行になります。そこで，空白行が何行目にあるか調べる必要があります。そこで，「縦」を9（行目）にしたうえで，1ずつ増やしながら4列目の空いている行を調べます。

```
縦 = 9                              '「縦」を9とする
Do until 窓.cells(縦,4) = ""         'セル(縦,4)が空白の所まで繰り返す
  縦 = 縦 + 1                        '「縦」を+1する
Loop                                'Do文に戻れ
窓.cells(縦,4) = 番号                '番号を転送
窓.cells(縦,5) = 名前                '名前を転送
```

全体のマクロを示します。

```
Sub 班員表示のマクロ
  Set 窓 = worksheets("点呼窓口")          'シート点呼窓口を「窓」に置き換える
  組 = 窓.cells(4,4)                       'クラスを「組」に取り出す
  班 = 窓.cells(4,5)                       '班を「班」に取り出す
  Set クラス = worksheets("クラス" & 組)   '「組」指定のシートを「クラス」とする
  For 行 = 4 to 15                         '「行」の値が4から15まで繰り返す
   If クラス.cells(行,4) = 班 then         '同じ「班」を探す
    番号 = クラス.cells(行,2)               '番号を取り出す
    名前 = クラス.cells(行,3)               '名前を取り出す
                                           '≪番号と名前を「班員表示」に転送≫
    縦 = 9                                 '「縦」を9とする
    Do until 窓.cells(縦,4) = ""           '空白の所まで繰り返す
      縦 = 縦 + 1                          '「縦」を+1する
    Loop                                   'Do文に戻れ
    窓.cells(縦,4) = 番号                  '番号を転送
    窓.cells(縦,5) = 名前                  '名前を転送
   End if
  Next
End sub
```

● 〈マクロ別解〉 こちらのマクロでも構いません

```
Sub 班員表示別解()                           '機械的に「班員表示」の9行目からデータを入れていく
  Set 窓 = worksheets("点呼窓口")
  組 = 窓.cells(4,4)
  班 = 窓.cells(4,5)
  Set クラス = worksheets("クラス" & 組)      'クラスシートの指定
  縦 = 9
  For 行 = 4 to 15                           '行が4から15になるまで繰り返す
    If クラス.cells(行,4) = 班  then         '「班」と同じものを探す
      番号 = クラス.cells(行,2)               '番号に取り出す
      名前 = クラス.cells(行,3)               '名前に取り出す
      窓.cells(縦,4) = 番号                  '番号を表示する
      窓.cells(縦,5) = 名前                  '名前を表示する
      縦 = 縦 + 1                            '次の表示用に「縦」を増やす
    End if
  Next                                       '行に＋1してFor文に戻る
End sub
```

2 点呼確認処理のマクロ

このマクロは，① 点呼確認済みの生徒に○をつける　② 点呼確認済みの班に○をつける　③ 「班員表示」のデータを消去する　からなります。

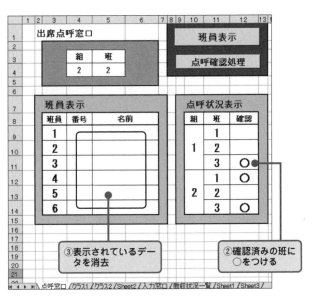

① 点呼確認済みの生徒に○をつけます。

クラス名簿の4～15行目を対象に，「班」と同じ班員の箇所に○をつけます。

```
Set 窓 = worksheets("点呼窓口")
組 = 窓.cells(4,4)
班 = 窓.cells(4,5)
Set クラス = worksheets("クラス" & 組)
For 行 = 4 to 15                      '4～15行目を処理対象とする
  If クラス.cells(行,4) = 班 then     '同じ班の生徒が見つかったら
    クラス.cells(行,5) = "○"          '点呼確認に○をつける
  End if
Next                                   '行に＋1してFor文に戻る
```

② 点呼確認済みの班に○をつけます。

点呼状況表示の「確認欄」に○を入れます。横はすべて12列目ですが，縦の位置はクラスと班によって，右図に示す行位置になります。

ここから縦の位置を求める算出式を考えます

　　　a. 1組の各班の縦位置
　　　　　　＝「班＋8」行目
　　　b. 2組の各班の縦位置
　　　　　　＝「班＋10」行目

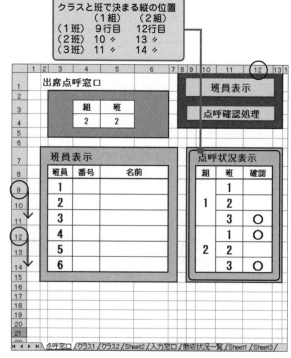

以上に基づき，点呼確認済みの班に○をつけるコードを考えます。

```
If 組 = 1 then                        '1組なら
   窓.cells(班＋8, 12) = "○"         '「班＋8」行目に○を入れる
 Else                                  'そうでないなら（2組なら）
   窓.cells(班＋11, 12) = "○"        '「班＋12」行目に○を入れる
End if
```

③ 「班員表示」のデータを消去します。

```
For 縦 = 9 to 14
    窓.cells(縦,4) = ""                    'データ消去
    窓.cells(縦,5) = ""
Next
```

完成したマクロです。

```
Sub 点呼確認処理のマクロ()
  Set 窓 = worksheets("点呼窓口")
  組 = 窓.cells(4,4)
  班 = 窓.cells(4,5)
  Set クラス = worksheets("クラス" & 組)
  For 行 = 4 to 15                         '4～15行目を処理対象とする
    If クラス.cells(行,4) = 班 then        '同じ班の生徒を見つける
        クラス.cells(行,5) = "○"           '確認生徒に○をつける
    End if
  Next
  If 組 = 1 then                           '1組なら
      窓.cells(班 + 8, 12) = "○"          '「班＋8」行目に○を入れる
    Else                                   'そうでないなら（2組なら）
      窓.cells(班 + 11, 12) = "○"         '「班＋12」行目に○を入れる
  End if
  for 縦 = 9 to 14
      窓.cells(縦,4) = ""                  'データ消去
      窓.cells(縦,5) = ""
  Next
End sub
```

❗ 追加　到着時間を表示する

　この例題では生徒の到着を「○」にしましたが，到着時間で表示する方法について考えてみます。

　VBAには，現在の時間（パソコンの内蔵時計）を表示する機能があります。
使用例は次の通りです。

　　　Cells(1,1) = hour(now)　　…　1行1列目のセルに現在の時間を表示する
　　　Cells(1,2) = minute(now)…　1行2列目のセルに現在の分を表示する

よって

　　　クラス.cells(行,5) = "○"　を

次のように変更します。

　　　クラス.cells(行,5) = hour(now)
　　　クラス.cells(行,6) = minute(now)

　これなら，到着時間まで記録されるので点呼確認のマクロとしては十分でしょう。余裕のある方は変更してみてください。ただし，例示では行の位置が1行分ずれていることにも注意してください。

4-8 提出物チェックシステム

　児童生徒からの提出物はたくさんあります。提出物ごとに提出状況を管理していくことは教員の大切な仕事ですが，日々忙しい中にあってはとかく後回しにされがちです。期限が迫れば未提出者に提出を促すなど，記録に基づく追跡作業も求められますが，あらかじめ「提出物チェックのマクロ」を組込んでおけば，提出状況の記録管理は容易となり，その後の追跡作業もスムーズに進みます。

　今回は「提出物チェックのマクロ」をコード化する前に，どのようなことがマクロに求められるか考えてみます。いろいろな要求が出てくる筈ですが，基本的には次の3つになるでしょう。

- 生徒が提出物を持ってきたとき，簡単な操作でそれを記録できること。
- 必要に応じて，未提出生徒を確認できること。
- 複数の提出物について，同様の処理ができること。

以上を踏まえ，4人の生徒が「A　遠足参加申込書」を提出した時の，具体的な処理の流れを見てみます。

① 事前に「記号」「提出物の内容」をシートに入力しておきます。
② 「A　遠足参加申込書」なので，「提出物の記号」に「A」を入力します。
③ 提出者の出席番号を入力します。このとき名前が表示されるよう Excel の VLOOKUP 関数を組み込んでおきます（よくわからない方は直接名前を入力してください）。
④ 「提出者登録」のボタンを押します。

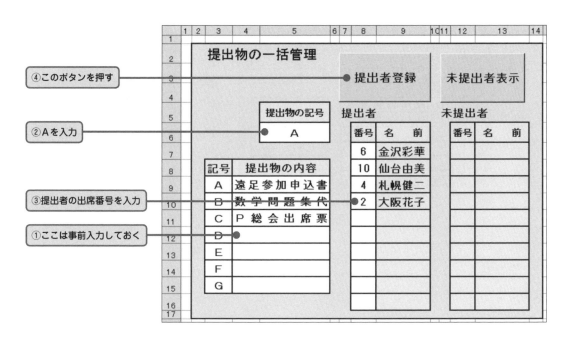

これにより，回収記録簿の生徒欄に「○」が表示されます。

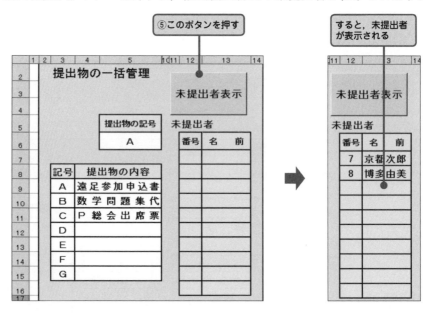

⑤ 「未提出者表示」ボタンを押すと，該当提出物Aの未提出者が表示されます。

　今回は2つのマクロからなります。1つは提出者を記録する「提出者登録マクロ」，もう1つは，未提出者を表示する「未提出者表示マクロ」です。さっそく「提出者登録マクロ」から作成することにします。

1 提出者登録マクロ

(1) シートの設計

● シート名：入力窓口

● シート名：回収記録簿

(2) コードの記入

2つのシート間でデータのやり取りを行いますので，それぞれのシートを簡単な名前に置き換えます。

```
Set 窓口 = worksheets("入力窓口")
Set 記録 = worksheets("回収記録簿")
```

マクロの第1の仕事は，提出物ごとに，提出した生徒に「○」をつけていくことです。

提出物は横方向A・B・C…で位置が決まり，生徒は縦方向出席番号で位置が決まります。そのために横・縦の位置決めを正確に行うことが，このマクロのポイントとなります。

① 横方向の位置決めます。

横の位置を決めるのは，A・B・C等の記号です。よって，「提出物の記号」と同じ記号を6列目から横方向に探すことになります。具体的な動きは，次の通りです。

ⅰ 窓口.cells(6,5)の内容を，「記号」に取り出します。

ⅱ「記号」と同じものを，6行目の6列目から始まる記号と照合します。

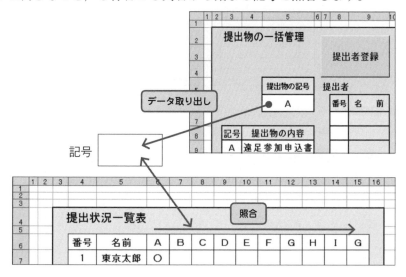

コードは以下の通りです。

```
記号 = 窓口.cells(6,5)
横 = 6
Do until 記録.cells(6,横) = 記号
  横 = 横 + 1
Loop
```

② 縦方向の位置を決め，縦・横の指定するセルに○を入れます。

ⅰ 窓口.cells(7,8)のデータを「番号」に取り出します。

ⅱ 「番号」と同じ番号を，記録.cells(7,4)〜cells(18,4)の中から探します。

ⅲ 見つかった「行」の，①で求めた「横」の位置に○を入れます。

ⅳ 窓口.cells(8,8)〜cells(16,8)について，ⅰ〜ⅲを同様に行います。
　　ただし，データが終了したときは，そこで終わることにします。

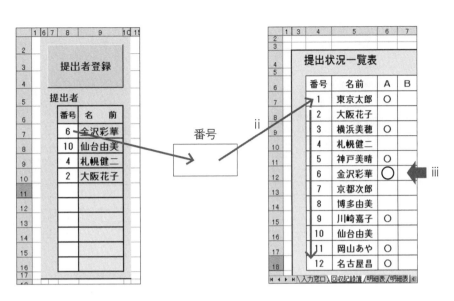

コードは次の通りです。

```
窓口縦 = 7
Do until 窓口.cells(窓口縦,8) = ""         'データがなくなったら終わる
    番号 = 窓口.cells(窓口縦,8)
    For 記録縦 = 7 to 18
        If 記録.cells(記録縦,4) = 番号 then
            記録.cells(記録縦,横) = "○"
        End if
    Next
    窓口縦 = 窓口縦 + 1
Loop
```

注) ここでは，行の位置指定に「窓口縦」と「記録縦」の2つを使いました。

いままでの「縦」の使い方とまったく同じですが，シートごとに区別するために，それぞれの名前をつけました。「窓口縦」は窓口シートの縦方向を，「記録縦」は記録シートの縦方向をそれぞれ示します。

③ 最後は「入力窓口」のデータの消去をします。

```
For 窓口縦 = 7 to 16
    窓口.cells(窓口縦,8) = ""
    '窓口.cells(窓口縦,9) = ""              'VLOOKUP関数未使用の方は最初の「'」
Next                                          'を取り除き，有効化する
```

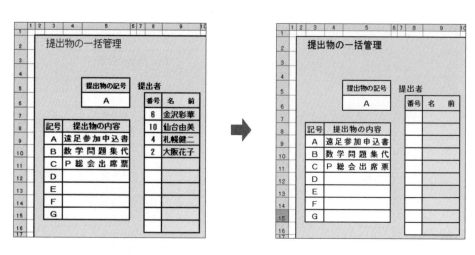

以上をまとめると次の通りです。

```
Sub 提出者登録()
  Set 窓口 = worksheets("入力窓口")
  Set 記録 = worksheets("回収記録簿")
  記号 = 窓口.cells(6,5)
  横 = 6
  Do until 記録.cells(6,横) = 記号
    横 = 横 + 1
  Loop
  窓口縦 = 7
  Do until 窓口.cells(窓口縦,8) = ""
      番号 = 窓口.cells(窓口縦,8)
      For 記録縦 = 7 to 18
        If 記録.cells(記録縦,4) = 番号 then
            記録.cells(記録縦,横) = "○"
        End if
      Next
      窓口縦 = 窓口縦 + 1
  Loop
  For 窓口縦 = 7 to 16
      窓口.cells(窓口縦,8) = ""
      窓口.cells(窓口縦,9) = ""
  Next
End sub
```

2　未提出者表示のマクロ

　このマクロは,「提出状況一覧表」から「○」のついていないデータの「出席番号」・「名前」を取り出すことがメインです。もちろん,「記号」から横方向の位置決めをするのは,前のマクロと同じです。

7行目から18行目まで,空白になっているセルを探す。このとき,横は提出物の記号の位置

①　横方向の位置決めます。

```
Set　窓口 = worksheets("入力窓口")
Set　記録 = worksheets("回収記録簿")
記号 = 窓口.cells(6,5)
横 = 6
Do until = 記録.cells(6,横) = 記号
　　横 = 横 + 1
Loop
```

　これで横の位置は確定しました。

②　縦方向の位置決めます。

「回収記録簿」で○が入っていない所,すなわち空白(「""」)のセルを探します。

```
For 記録縦 = 7 to 18
    If 記録.cells(記録縦,横) = "" then
        《③「未提出者」を「入力窓口」に転送するコード》
    End if
Next
```

③ 「未提出者」を「入力窓口」に転送します。

未提出者の「番号」・「名前」を転送します。このとき，当たり前ですが転送先の行は空白でなくてはなりません。空白行を見つけ，データを転送します。

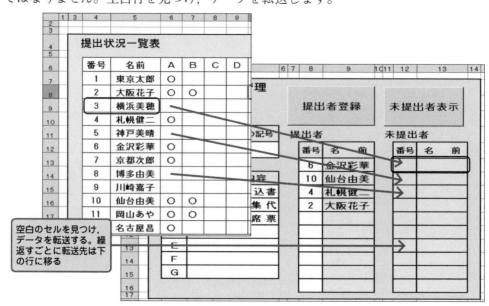

よってコードは次の通りです。

```
窓口縦 = 7
Do until 窓口.cells(窓口縦,12) = ""
    窓口縦 = 窓口縦 + 1
Loop
窓口.cells(窓口縦,12) = 記録.cells(記録縦,4)    '番号を転送
窓口.cells(窓口縦,13) = 記録.cells(記録縦,5)    '名前を転送
Next
```

今までのコードをまとめます。

```
Sub 未提出者表示()
  Set 窓口 = worksheets("入力窓口")
  Set 記録 = worksheets("回収記録簿")
  記号 = 窓口.cells(6,5)
  横 = 6
  Do until 記録.cells(6,横) = 記号
      横 = 横 + 1
```

```
    Loop
    For 記録縦 = 7 to 18
            If 記録.cells(記録縦,横) = "" then
                窓口縦 = 7
                Do until 窓口.cells(窓口縦,12) = ""
                    窓口縦 = 窓口縦 + 1
                Loop
                窓口.cells(窓口縦,12) = 記録.cells(記録縦,4)
                窓口.cells(窓口縦,13) = 記録.cells(記録縦,5)
            End if
    Next
End sub
```

　これで完成としたいのですが，1つだけ不具合があります。それは，未提出者欄に前の処理データが残っていると，その後から未提出者を追加してしまうことです。

　つまり，最初のマクロ実行は問題ないのですが，続けてマクロを実行すると，前の結果が悪い影響を与えるのです。そこで，前の残っているデータを消去するコードを追加します。

```
For 窓口縦 = 7 to 16
   窓口.cells(窓口縦,12) = ""
   窓口.cells(窓口縦,13) = ""
Next
```

　このコードは，「初期設定」と言われるもので，マクロの最初の方に挿入するのが無難でしょう。最終的なマクロは次頁の通りです。

●未提出者表示のマクロ

```
Sub 未提出者表示()
 Set 窓口 = worksheets("入力窓口")
 Set 記録 = worksheets("回収記録簿")
 For 窓口縦 = 7 to 16
    窓口.cells(窓口縦,12) = ""
    窓口.cells(窓口縦,13) = ""
 Next
 記号 = 窓口.cells(6,5)
```

```
  横 = 6
  Do until 記録.cells(6,横) = 記号
     横 = 横 + 1
  Loop
  For 記録縦 = 7 to 18
     If 記録.cells(記録縦,横) = "" then
         窓口縦 = 7
         Do until 窓口.cells(窓口縦,12) = ""
             窓口縦 = 窓口縦 + 1
         Loop
         窓口.cells(窓口縦,12) = 記録.cells(記録縦,4)
         窓口.cells(窓口縦,13) = 記録.cells(記録縦,5)
     End if
  Next
End sub
```

4-9 体育館利用のスケジュール管理

　体育館は，授業以外に部活動の主要な練習場所になっています。特に土日や夏期休暇中は，利用する団体はかなり増えます。来てみたら体育館がいっぱいで使えない，そんなことを防ぐためにも事前に体育館利用の調整を行っておく必要があります。今回の例題は，体育館のスケジュール管理を行うマクロです。

　使用するシートは，①　入力窓口　②　登録台帳　の２種類です。

●シート名：入力窓口

	1	2	3	4	5	6	7	8	9
1									
2									
3			予約確認			※　確認したい月日（白抜き部分）を入力してから			
4						「予約確認」ボタンを押してください。			
5									
6									
7			月	5	（時間帯1） 8：30〜 10：20	（時間帯2） 10：30〜 12：20	（時間帯3） 13：30〜 15：20	（時間帯4） 15：30〜 17：20	
8			日	2					
9			利用1		バレーボール		バスケット	バスケット	
10			利用2		バドミントン				
11			利用3		卓球				
12			利用4						
13									
14									
15			予約実行			※　下の項目にデータを入力したら，「予約実行」ボタ			
16						ンを押してください。			
17									
18									
19			月	日	部・同好会名	時間帯	※　時間帯は1〜4のいずれか		
20							の数字を入力すること		
21									

　入力窓口シートは，大きく分けて２つの部分からなります。
　シート上段は，体育館の予約状況を表示する窓口です。調べたい「月」「日」を入力し，「予約確認ボタン」を押せば，予約状況がどうなっているかを見ることができます。この例では５月２日の様子が表示されています。時間帯１（８：30〜10：20）は３つの部が予約を入れているのに，時間帯２（10：30〜12：20）はどこの部も予約してないことが分かります。なお，本例題では同一時間帯には４つの部までが利用できるとしますが，その条件判定はマクロの中では行なわないことにします（予約状況を見ての申込者の判断に任せる）。
　シート下段は，予約登録する窓口です。希望する「月」「日」や「時間帯」などを入力して，予約を登録します。

●シート名：登録台帳

このシートに予約を登録します。

	1	2	3	4	5	6	7	8
2								
3		体育館利用登録台帳						
4								
5		月	日	部・同好会名	時間帯			
6		5	1	バトミントン	2			
7		5	2	バレーボール	1			
8		5	2	バトミントン	1			
9		5	1	バレーボール	1			
10		5	2	卓球	1			
11		5	1	バスケット	4			
12		5	8	バトミントン	2			
13		5	8	バレーボール	3			
14		5	2	バスケット	3			
15		5	2	バスケット	4			
16								
17								

この例題は，「予約確認」を行うマクロと，「予約実行」を行うマクロの2つからなります。それほど複雑ではない「予約実行」のマクロの方から作成します。

1　予約実行のマクロ

このマクロは，入力窓口のシートのデータを，登録台帳のシートに転記するものです。

① シートに関するオブジェクトを簡単な変数に置き換えます。

```
Set 窓 = worksheets("入力窓口")
Set 台帳 = worksheets("登録台帳")
```

② 入力窓口のシートからデータを取り出します。

```
月 = 窓.cells(20,3)
日 = 窓.cells(20,4)
部名 = 窓.cells(20,5)
時間帯 = 窓.cells(20,6)
```

③ 登録台帳のシートの空白行にデータを転送します。

```
縦 = 6
Do until 台帳.cells(縦,2) = ""
    縦 = 縦 + 1
Loop
台帳.cells(縦,2) = 月
台帳.cells(縦,3) = 日
台帳.cells(縦,4) = 部名
台帳.cells(縦,5) = 時間帯
```

動きを図示すると次のようになります。

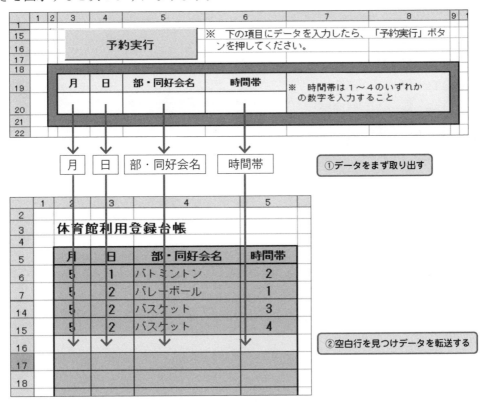

④ 転送後は，入力窓口のデータを消去します。

```
窓.cells(20,3) = ""
窓.cells(20,4) = ""
窓.cells(20,5) = ""
窓.cells(20,6) = ""
```

以上のコードをまとめると次のようになります。

```
Sub 予約実行()
  Set 窓 = worksheets("入力窓口")
  Set 台帳 = worksheets("登録台帳")
  月 = 窓.cells(20,3)
  日 = 窓.cells(20,4)
  部名 = 窓.cells(20,5)
  時間帯 = 窓.cells(20,6)
  縦 = 6
  Do until 台帳.cells(縦,2) = ""
      縦 = 縦 + 1
  Loop
  台帳.cells(縦,2) = 月
  台帳.cells(縦,3) = 日
  台帳.cells(縦,4) = 部名
  台帳.cells(縦,5) = 時間帯
  窓.cells(20,3) = ""
  窓.cells(20,4) = ""
  窓.cells(20,5) = ""
  窓.cells(20,6) = ""
End sub
```

2 予約確認のマクロ

このマクロは，予約内容を確認するものです。「月」と「日」を手がかりに，「登録台帳」のデータを「入力窓口」に転送します。

① ワークシート名の置き換えです。

```
Set 窓 = worksheets("入力窓口")
Set 台帳 = worksheets("登録台帳")
```

② 該当データを「登録台帳」から見つけます。

「登録台帳」の6行目以降から見つけます。ところで，何行目まで検索すればよいのでしょうか。当然，記入されているところまでとなりますが，これをいちいち判定し，検索をストッ

プさせるのは面倒です。そこで100行目まで無条件に検索します。もちろん，100を200にしても構いません。

```
月 = 窓.cells(7,4)
日 = 窓.cells(8,4)
For 縦 = 6 to 100                      '6～100行目について検索する
  If  台帳.cells(縦,2) = 月  then     '月が同じものを見つける
    If  台帳.cells(縦,3) = 日  then   'さらに日が同じものを見つける
       ≪発見後の処理≫                 '2つの条件を満たしているとき実行
    End if
  End if
Next
```

前述したように「 For 縦 = 6 to 100」は，状況に応じ，「 For 縦 = 6 to 200」になる場合もあります。実際のデータ発生件数次第と言うことになりますが，終値はそれほど厳密に決める必要はなく，少し大きめの数字を割り当てればよいでしょう。

ここでは，「月」が同じだったものについて，さらに「日」も同じかどうか判定します。「月」「日」ともに等しい場合のみ，≪発見後の処理≫を実行します。

③　発見後の処理をします。

ここでの仕事の中心は，「入力窓口」に「部・同好会名」を表示することです。面倒なのは，「所定の場所」にきちんと表示することです。「所定の場所」とは，横方向では「時間帯」，縦方向では「空白の行」になります。

「時間帯」は1～4のいずれかの数字で入力することが指示されています。一方，「予約確認」で「表示する時間帯1」の横方向は5列目，同様に「時間帯2」は6列目になっています。ここから，「入力した時間帯n」＋4 ⇨「表示する時間帯n」の関係が導き出されます。

よって，表示する時間帯の列を「横」とすると，次のような計算式になります。

横 = 台帳.cells(縦,5) + 4

次に縦の位置決めですが，すでにやった「空白」を見つけるいつものやり方です。9行目から「空白」がないか，1行ずつ下っていきます。4行以内には必ず「空白」が見つかるという条件でのプログラムは次の通りです。

```
利用 = 9                                '9行目から探す
Do until 窓.cells(利用,横) = ""        '空白が見つかるまで繰り返す
    利用 = 利用 + 1                     '「利用」を「＋1」する
Loop
窓.cells(利用,横) = 台帳.cells(縦,4) =  '「部・同好会名」を転送する
```

今までのマクロを1つにまとめてみます。

```
Sub　予約確認()
  Set　窓 = worksheets("入力窓口")
  Set　台帳 = worksheets("登録台帳")
  月 = 窓.cells(7,4)
  日 = 窓.cells(8,4)
  For 縦 = 6 to 100
     If 台帳.cells(縦,2) = 月 then
      If 台帳.cells(縦,3) = 日 then
        横 = 台帳.cells(縦,5) + 4
        利用 = 9
        Do until 窓.cells(利用,横) = ""
            利用 = 利用 + 1
        Loop
        窓.cells(利用,横) = 台帳.cells(縦,4)
      End if
     End if
  Next
End sub
```

これで一応マクロは完成しました。

④　前のデータの消去をします。

　さて，これでマクロは完成したのですが，実はこれには論理エラーがあります。1件目の処理は問題ないのですが，続けてやっていくと，予約の一覧に入りきらなくなって欄外に飛び出してしまうのです。原因はいつもと同じで，前処理データが残っているので，データを転送・表示しているうちに表示場所から溢れ出てしまうのです。そこで，コードの初期段階で，前のデータを消去するコードを追加します。

```
For 縦 = 9 to 12
  For 横 = 5 to 8
    窓.cells(縦,横) = ""
  Next
Next
```

最終的なマクロは，次のようになります。

```
Sub 予約確認()
  Set 窓 = worksheets("入力窓口")
  Set 台帳 = worksheets("登録台帳")
  月 = 窓.cells(7,4)
  日 = 窓.cells(8,4)
  For 縦 = 9 to 12
    For 横 = 5 to 8
      窓.cells(縦,横) = ""
    Next
  Next
  For 縦 = 6 to 100
    If 台帳.cells(縦,2) = 月 then
    If 台帳.cells(縦,3) = 日 then
      横 = 台帳.cells(縦,5) + 4
      利用 = 9
      Do until 窓.cells(利用,横) = ""
        利用 = 利用 + 1
      Loop
      窓.cells(利用,横) = 台帳.cells(縦,4)
    End if
    End if
  Next
End sub
```

4-10 調査書作成システム

　調査書作成のマクロを考えます。処理の特徴は，学年評定など1～3年にわたるデータを，広く取り揃えることにあります。しかも，生徒は学年ごとにクラスが違うので，各学年からどのように該当生徒を見つけ，データを集めてくるかに工夫が必要です。3年の成績一覧表に，1，2年の所属クラス欄を設けるのも1つの方法ですが，今回は「名前」を手掛かりに検索することにします。この場合，同姓同名はどうするかという問題が生じますが，その対策については4-12で取り上げるとして，今回は考慮しないことにします。なお，各学年の組編成を4組，各組の在籍数3名とし，単純化したモデルでマクロを作成していきます。

（1）シートの設計

●シート名：調査書

●シート名：手前から「第三学年」・「第二学年」・「第一学年」

※各学年とも1枚のシートで全クラス・全生徒を記録します。

（2）マクロの作成

① ワークシートを指定します。

シート指定を容易にするため，オブジェクト名を簡単な変数に置き換えます。

```
Set　調査 = worksheets("調査書")
Set　第1年 = worksheets("第一年")           「1」は半角数字
Set　第2年 = worksheets("第二年")           「2」は半角数字
Set　第3年 = worksheets("第三年")           「3」は半角数字
```

② 3年のデータを転送します。

調査書を作成する上で，ベースとなる学年は3年です。つまり3年の出席番号順に調査書を作成していきます。

```
For 順番 = 4 to 15                          '4行目から順番に15行目までを処理対象とする
    調査.cells(5,3) = 第3年.cells(順番,2)    '直接「左辺」にデータを転送する方法をとる
    調査.cells(5,5) = 第3年.cells(順番,3)
    調査.cells(5,7) = 第3年.cells(順番,4)
    名前 = 第3年.cells(順番,5)               '後で「名前」を利用するので
    調査.cells(5,10) = 名前                  'ここだけ取り出しておく
    調査.cells(10,4) = 第3年.cells(順番,6)
    調査.cells(10,5) = 第3年.cells(順番,7)
    調査.cells(10,6) = 第3年.cells(順番,8)
    調査.cells(10,7) = 第3年.cells(順番,9)
    調査.cells(10,9) = 第3年.cells(順番,10)
    調査.cells(10,11) = 第3年.cells(順番,11)

            ≪2・1年のデータ転送処理≫

    調査.printout                            '調査書の印刷
Next
```

データは3年成績一覧表の4～15行目にあり，ここを順番に処理していくのがFor文です。

今までは「右辺」をいったん変数に取り出し，その変数を次に「左辺」に送り込む方法を採ってきましたが，今回は直接「右辺」を「左辺」に送り込むことにしました。

データの動きは，以下のようです．

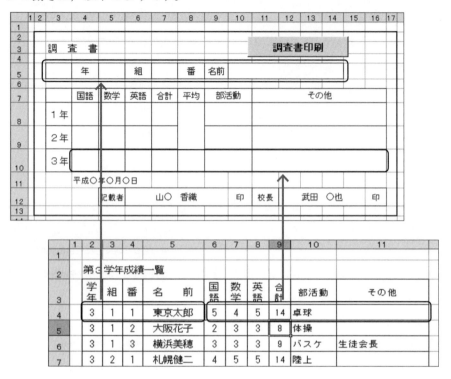

③ ≪2・1年のデータ転送処理≫ 2年のデータを転送します．

「2年成績一覧表」から，同じ生徒のデータを見つけ，調査書の各セルに転送するマクロを作ります．方法は，「3年成績一覧表」の「名前」を手がかりに探していきます．

「名前」と同じものを，2年の成績一覧表から見つけます．
```
縦 = 4
Do until  第2年.cells(縦,5) = 名前
  縦 = 縦 + 1
Loop
```

見つかったデータを調査書に転送します．
```
調査.cells(9,4) = 第2年.cells(縦,6)
調査.cells(9,5) = 第2年.cells(縦,7)
調査.cells(9,6) = 第2年.cells(縦,8)
調査.cells(9,7) = 第2年.cells(縦,9)
調査.cells(9,9) = 第2年.cells(縦,10)
調査.cells(9,11) = 第2年.cells(縦,11)
```

セル間のデータの動きは，以下のようです。

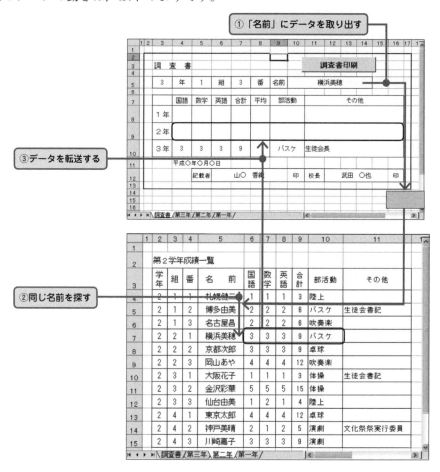

④　1年のデータを転送します。

コードの基本はほぼ2年と同じなので省略します。

⑤　「評定平均」を算出します。

```
調査.cells(8,8) = (調査.cells(8,7) + 調査.cells(9,7) + 調査.cells(10,7)) / 9
```

最終的なマクロは次のようになります。

```
Sub 調査書作成()
  Set 調査 = worksheets("調査書")
  Set 第1年 = worksheets("第一年")
  Set 第2年 = worksheets("第二年")
  Set 第3年 = worksheets("第三年")
  For 順番 = 4 to 15
```

```
調査.cells(5,3) = 第3年.cells(順番,2)
調査.cells(5,5) = 第3年.cells(順番,3)
調査.cells(5,7) = 第3年.cells(順番,4)
名前 = 第3年.cells(順番,5)
調査.cells(5,10) = 名前
調査.cells(10,4) = 第3年.cells(順番,6)
調査.cells(10,5) = 第3年.cells(順番,7)
調査.cells(10,6) = 第3年.cells(順番,8)
調査.cells(10,7) = 第3年.cells(順番,9)
調査.cells(10,9) = 第3年.cells(順番,10)
調査.cells(10,11) = 第3年.cells(順番,11)
縦 = 4
Do until 第2年.cells(縦,5) = 名前
    縦 = 縦 + 1
Loop
調査.cells(9,4) = 第2年.cells(縦,6)
調査.cells(9,5) = 第2年.cells(縦,7)
調査.cells(9,6) = 第2年.cells(縦,8)
調査.cells(9,7) = 第2年.cells(縦,9)
調査.cells(9,9) = 第2年.cells(縦,10)
調査.cells(9,11) = 第2年.cells(縦,11)
縦 = 4
Do until 第1年.cells(縦,5) = 名前
    縦 = 縦 + 1
Loop
調査.cells(8,4) = 第1年.cells(縦,6)
調査.cells(8,5) = 第1年.cells(縦,7)
調査.cells(8,6) = 第1年.cells(縦,8)
調査.cells(8,7) = 第1年.cells(縦,9)
調査.cells(8,9) = 第1年.cells(縦,10)
調査.cells(8,11) = 第1年.cells(縦,11)
調査.cells(8,8) = ( 調査.cells(8,7) + 調査.cells(9,7) + 調査.cells(10,7)) / 9
調査.printout
  Next
End sub
```

4-11 調査書作成のマクロ（指定印刷）

　高校の調査書は，生徒の請求に応じて1枚1枚発行していくケースが多いようです。前問は生徒全員分の調査書を作るマクロでしたが，今回は特定の生徒の調査書だけを印刷するマクロです。マクロ実行の流れは以下のようになります。

① 生徒の学年・組・番号・名前を入力します。
② 「調査書印刷」ボタンをクリックします。
③ 調査書にデータが転送，印刷されます。
※「調査書印刷」ボタンは印刷されません。

(1) マクロの作成

① 最初に3年のデータを取り出します。手掛りは,「名前」です。

「第3学年成績一覧」(下図)の4行目から15行目までを,If文で検索します。なお今回は,間違った「名前」が入力された場合の対応を組み込むことにします。

	1	2	3	4	5	6	7	8	9	10	11
1											
2		第3学年成績一覧									
3		学年	組	番	名　前	国語	数学	英語	合計	部活動	その他
4		3	1	1	東京太郎	5	4	5	14	卓球	
5		3	1	2	大阪花子	2	3	3	8	体操	
6		3	1	3	横浜美穂	3	3	3	9	バスケ	生徒会長
7		3	2	1	札幌健二	4	5	5	14	陸上	
8		3	2	2	神戸美晴	2	1	2	5	演劇	ボランティア受賞
9		3	2	3	金沢彩華	5	5	5	15	体操	
10		3	3	1	京都次郎	3	3	3	9	卓球	
11		3	3	2	博多由美	2	4	3	9	バスケ	生徒会書記
12		3	3	3	川崎嘉子	4	2	1	7	演劇	
13		3	4	1	仙台由美	1	2	1	4	陸上	
14		3	4	2	岡山あや	4	4	4	12	吹奏楽	体育祭実行委員長
15		3	4	3	名古屋昌	2	2	2	6	吹奏楽	

```
Sub　調査書作成2()
  Set　調査 = worksheets("調査書")
  Set　第一 = worksheets("第一年")
  Set　第二 = worksheets("第二年")
  Set　第三 = worksheets("第三年")
 名前 = 調査.cells(5,10)
 発見 = 0                          '「名前」のエラーを発見するための変数
'3年のデータ検索
 For 縦 = 4 to 15
   If 第三.cells(縦,5) = 名前 then
       国語 = 第三.cells(縦,6)      '該当生徒のデータ取り出し
       数学 = 第三.cells(縦,7)
       英語 = 第三.cells(縦,8)
       合計 = 第三.cells(縦,9)
       部活動 = 第三.cells(縦,10)
       その他 = 第三.cells(縦,11)
       調査.cells(10,4) = 国語      '該当生徒のデータ転送
       調査.cells(10,5) = 数学
       調査.cells(10,6) = 英語
```

```
        調査.cells(10,7) = 合計
        調査.cells(10,9) = 部活動
        調査.cells(10,11) = その他
        発見 = 1                    '名前発見なのでスイッチを1に切替え
    End if
  Next
```

　同じ名前が見つからない場合を想定して「プログラムスイッチ」の考えを取り込みました。このマクロではプログラムスイッチに「発見」を当てました。最初に「0」を設定し，If文で同じ名前が発見されたときに「1」に変えるのです。ということは，最後に至っても「0」のままなら，同じ名前が発見されなかったことになります。

　プログラムスイッチとは切替スイッチのようなもので，ONとOFFを識別するために利用されます。ここでは1がON，0がOFFということになります。

② 続いて2年，1年のデータを取り出します。

```
'2年のデータ検索
For 縦 = 4 to 15
  If 第二.cells(縦,5) = 名前 then
        国語 = 第二.cells(縦,6)
        数学 = 第二.cells(縦,7)
        英語 = 第二.cells(縦,8)
        合計 = 第二.cells(縦,9)
        部活動 = 第二.cells(縦,10)
        その他 = 第二.cells(縦,11)
        調査.cells(9,4) = 国語
        調査.cells(9,5) = 数学
        調査.cells(9,6) = 英語
        調査.cells(9,7) = 合計
        調査.cells(9,9) = 部活動
        調査.cells(9,11) = その他
    End if
Next
'1年のデータ検索
For 縦 = 4 to 15
  If 第一.cells(縦,5) = 名前 then
```

```
        国語 = 第一.cells(縦,6)
        数学 = 第一.cells(縦,7)
        英語 = 第一.cells(縦,8)
        合計 = 第一.cells(縦,9)
        部活動 = 第一.cells(縦,10)
        その他 = 第一.cells(縦,11)
        調査.cells(8,4) = 国語
        調査.cells(8,5) = 数学
        調査.cells(8,6) = 英語
        調査.cells(8,7) = 合計
        総点 = 調査.cells(8,7) + 調査.cells(9,7) + 調査.cells(10,7)
        調査.cells(8,8) = 総点 / 9
        調査.cells(8,9) = 部活動
        調査.cells(8,11) = その他
    End if
Next
```

3年で「名前」のエラーデータ用のプログラムスイッチを組込みましたので，1年，2年ではその必要はないでしょう。ただし転校生がいるとき，1・2年で名前を発見できないケースもあるでしょう。これに備え，転校生のデータを事前に移植しておくことが必要です。

③ 「名前」の入力ミスを検証するため「発見」の値を調べます。

入力ミスが発見されたときは，調査書の3か所にメッセージを表示させます。

```
'名前の入力ミス検証
If  発見 = 0 then
    調査.cells(3,6) = " エラーデータ "
    調査.cells(8,11) = " 同じ名前はありませんでした "
    調査.cells(9,11) = " 再度正しい名前を入力して実行してください "
End if
```

全体のマクロは次の通りです。

```
Sub  調査書作成2()
  Set  調査 = worksheets(" 調査書 ")
  Set  第一 = worksheets(" 第一年 ")
  Set  第二 = worksheets(" 第二年 ")
```

```
  Set  第三 = worksheets("第三年")
  名前 = 調査.cells(5,10)
  発見 = 0
'3年のデータ検索
  For 縦 = 4 to 15
    If 第三.cells(縦,5) = 名前 then
      国語 = 第三.cells(縦,6)
      数学 = 第三.cells(縦,7)
      英語 = 第三.cells(縦,8)
      合計 = 第三.cells(縦,9)
      部活動 = 第三.cells(縦,10)
      その他 = 第三.cells(縦,11)
      調査.cells(10,4) = 国語
      調査.cells(10,5) = 数学
      調査.cells(10,6) = 英語
      調査.cells(10,7) = 合計
      調査.cells(10,9) = 部活動
      調査.cells(10,11) = その他
      発見 = 1                    '名前発見でスイッチを1に切替え
    End if
  Next
'2年のデータ検索
  For 縦 = 4 to 15
    If 第二.cells(縦,5) = 名前 then
      国語 = 第二.cells(縦,6)
      数学 = 第二.cells(縦,7)
      英語 = 第二.cells(縦,8)
      合計 = 第二.cells(縦,9)
      部活動 = 第二.cells(縦,10)
      その他 = 第二.cells(縦,11)
      調査.cells(9,4) = 国語
      調査.cells(9,5) = 数学
      調査.cells(9,6) = 英語
      調査.cells(9,7) = 合計
```

```
            調査.cells(9,9) = 部活動
            調査.cells(9,11) = その他
        End if
    Next
'1年のデータ検索
    For 縦 = 4 to 15
        If 第一.cells(縦,5) = 名前 then
            国語 = 第一.cells(縦,6)
            数学 = 第一.cells(縦,7)
            英語 = 第一.cells(縦,8)
            合計 = 第一.cells(縦,9)
            部活動 = 第一.cells(縦,10)
            その他 = 第一.cells(縦,11)
            調査.cells(8,4) = 国語
            調査.cells(8,5) = 数学
            調査.cells(8,6) = 英語
            調査.cells(8,7) = 合計
            総点 = 調査.cells(8,7) + 調査.cells(9,7) + 調査.cells(10,7)
            調査.cells(8,8) = 総点 / 9
            調査.cells(8,9) = 部活動
            調査.cells(8,11) = その他
        End if
    Next
'名前の入力ミス検証
    If 発見 = 0 then
        調査.cells(3,6) = " エラーデータ "
        調査.cells(8,11) = " 同じ名前はありませんでした "
        調査.cells(9,11) = " 再度正しい名前を入力して実行してください "
    End if
    調査.printout
End sub
```

4-12 マクロ作成の留意点

(1) システム設計について

　4-11・12で一応「調査書作成マクロ」を作ってみました。しかしながら，このマクロを実際の現場に持ち込んでみると，少し改良したほうがよいと思うことが出てくるかもしれません。学校規模・クラス編成などの環境条件はもちろんとして，教職員のIT活用能力の水準などによっても，マクロ改良の必要は生まれます。また，時としてデータ特性によっても，マクロ改良が必要となるケースがあります。

　たとえば「同姓同名」の子どもがいるときは，どうすればよいでしょうか。もちろん，「同姓同名」は極めてレアなケースとして，一切考慮しないこともあるでしょう。ただ一度「調査書作成マクロ」として「採用」されると，おそらく教育課程が変更になる10年近く，そのままの形で利用され続けるのが普通です。この間に，あり得ないと切り捨ててきた「同姓同名」問題に直面する可能性は，決して小さくはないのです。個人情報たる調査書に他人のデータが混入するなど，絶対にあってはならない重大ミスです。

　係わった教員だけでなく，多くの関係者を巻き込む重大問題に発展する可能性もあります。

　やはりその対策は，あらかじめしっかり取ったほうがよいでしょう。もちろん「同姓同名」問題だけに限るものでないことは言うまでもありません。

　そうした意味で，本書で示した「調査書作成マクロ」は，建物で言えば，基礎となる土台に過ぎないのです。この後，現場の状況を勘案しながら構造設計し，強固な建物に造り上げる必要があるのです。

　ところで「同姓同名」の問題に戻りますが，どのような対策を講じればよいでしょうか。

　一番確実なのは，生徒の「名前」以外に「クラス」を入力し，両方が一致したところで調査書作成に取り掛かるものです。クラス内に同姓同名はいないはずですので，これで他人の個人情報を誤って取り出す危険は避けることができます。

　実はマクロを変えないで，もっと簡単に解決する方法もあります。たとえば，「鈴木健一」が2人いたとします。このような場合，あらかじめ名前を「鈴木健一A」と「鈴木健一B」にしておけばよいのです。ただ外部に提出する調査書で「…A」「…B」は余り褒められたものではなく，もう少し工夫して「鈴木健一」と「鈴木　健一」にしておく，あたりが妥当ではないでしょうか。空白1字が入るか入らないかで，両者を判別することは十分可能だからです。

　これは，マクロ作成前の条件整備とも言えるもので，こうしたことを前提にマクロを作成していくのです。マクロ作成前の条件整備と表現しましたが，一般的には「システム設計」と呼んでいるものです。マクロ作成に熟練してくると，視野は単なるコード入力から，もう少し上のレベルへ，すなわち処理全体の流れやデータ構造などに移っていきます。下から上へと向かうシステム設計であるので，これを特に「ボトム・アップ」と呼んでいます。

（2）誤り対策について

　本書では最後のマクロを除いて，データミスを想定していませんでした。想定しない分だけ，マクロはコンパクトになり，簡潔明瞭になったのではないでしょうか。

　しかし現実には，データミスは驚くほど多いのです。

　たとえば，名前の入力で「井上豊」とすべきところを「井上　豊」で入力してしまったような場合です。どこが間違っているのか気がつかない人がいるくらい，ひんぱんに起きる入力ミスです。人間が処理している場合はこの程度のことは見逃してくれるのですが，コンピュータはそうはいきません。明らかに「井上豊」と「井上　豊」は別のデータとして識別するのです。見つからないまま永久ループになり，「コンピュータは応答していません」のメッセージとともに，フリーズしてしまう可能性もあります。

```
《「井上豊」のつもりで「井上　豊」を入力した場合》
名前 = 入力窓口.cells（10,8）              '名前にエラーデータ「井上　豊」が入る
縦 = 10                                    '縦を10にする
Do until 名簿.cells（縦,3）= 名前          '「井上　豊」と同じ名前を検索するが
  縦 = 縦 + 1                              '見つからず，縦を無限に増やし続ける
Loop                                       'よってLoopの外に出ることはない
```

　これを避けるには次のように変更するのがよいでしょう。ただし，名簿シートの明細行が10行目から始まり90行目までには終わる，とします。

```
名前 = 入力窓口.cells(10,8)
発見 = 0
  For 縦 = 10 to 90
    If 名簿.cells(縦,3) = 名前 then
            【発見した時の処理】
      発見 = 1
      縦 = 91        'For文から抜け出るため，縦を範囲外の91にする
    End if
Next
If 発見 = 0 then
      入力窓口.cells(12,15) = "同じ名前は見つかりませんでした"
    Else
      入力窓口.cells(12,15) = "処理済み"
End if
```

　上のマクロは，あくまで1つの例です。入力ミスの発生を事前に予想し，適切なエラー対策をとることが何より大切です。

4-13 ▶ 総合問題（運動会の得点集計マクロ）

処理条件等を参考にして，運動会の得点集計マクロを作成してください。

（1）システムの概要
体育祭（運動会）でチーム別対抗戦を実施する際の，各チーム別の得点を集計します。

（2）処理条件

① 赤・白・青・黄・桃・緑の6チームからなる色別チームを編成します。

② 入力データは，種目番号・種目名・1～6位のチーム名です。

種目番号	種目名	1位	2位	3位	4位	5位	6位
4	仮装リレー	緑	白	黄	赤	青	桃

③ 処理して表示する内容は，次の通りです。

得 点 集 計 表							
種目番号	種目名	チーム得点						
		赤	白	青	黄	緑	桃
1	50メートル競走	0	8	6	10	2	4
2	綱引き	20	16	12	12	8	16
3	借り物競争	5	3	4	8	7	6
4	仮装リレー	16	20	10	16	20	10

④ 得点は，種目ごとに決まっています。

種目番号	種目名	得点					
		1位	2位	3位	4位	5位	6位
1	50m競争	10	8	6	4	2	0
2	綱引き	20	18	12	8	4	0
3	借り物競争	8	7	6	5	4	3
4	仮装リレー	20	20	16	16	10	10
5	水の祭典	5	4	3	2	1	0
6	棒倒し	6	6	6	3	2	0
7	玉入れ	8	7	6	5	4	3
8	騎馬戦	10	8	6	4	2	0
9	障害物競走	8	7	6	5	4	3
10	色別対抗リレー	40	30	20	15	10	5

（3）標準的なマクロ

いろいろなマクロが考えられます。一例として参考にしてください。

◯表示用シート：入力窓口

運動会得点集計システム　得点集計

種目番号	種目名	1位	2位	3位	4位	5位	6位

得点集計表

種目番号	種目名	チーム得点					
		赤	白	青	黄	緑	桃
1	50メートル競走	0	8	6	10	2	4
2	綱引き	20	16	12	12	8	16
3	借り物競争	5	3	4	8	7	6
4	仮装リレー	16	20	10	16	20	10

入力窓口／競技データ／

◯配点表シート：競技データ

競技データ

種目番号	種目名	得点					
		1位	2位	3位	4位	5位	6位
1	50m競争	10	8	6	4	2	0
2	綱引き	20	18	12	8	4	0
3	借り物競争	8	7	6	5	4	3
4	仮装リレー	20	20	16	16	10	10
5	水の祭典	5	4	3	2	1	0
6	棒倒し	6	6	6	3	3	3
7	玉入れ	8	7	6	5	4	3
8	騎馬戦	10	8	6	4	2	0
9	障害物競走	8	7	6	5	4	3
10	色別対抗リレー	40	30	20	15	10	5

●コード

```
Sub 得点集計 ()
    Set 窓口 = worksheets(" 入力窓口 ")
    Set 競技 = worksheets(" 競技データ ")
    番号 = 窓口 .cells(6, 3)
    種目 = 窓口 .cells(6, 4)
    窓口縦 = 11
    Do until 窓口 .cells( 窓口縦 , 3) = ""
        窓口縦 = 窓口縦 + 1
    Loop
    窓口 .cells( 窓口縦 , 3) = 番号
    窓口 .cells( 窓口縦 , 4) = 種目
    For 横 = 5 to 10
        得点 = 競技 .cells( 番号 + 4, 横 )
        色 = 5
        Do until 窓口 .cells(6, 横 ) = 窓口 .cells(10, 色 )
            色 = 色 + 1
        Loop
        窓口 .cells( 窓口縦 , 色 ) = 得点
    Next
    For 横 = 3 to 10
        窓口 .cells(6, 横 ) = ""
    Next
End Sub
```

4-14 サンプルマクロ

1 出張旅費の精算マクロ

（1）処理の概要

① 社員から提出された「出張報告書」から旅費を算定し,「月別出張明細」に転記します。

② 毎月初めに，社員各個人に「出張旅費明細」を発行し，仮払金の精算を行います。
ここでのポイントは，1カ月間に複数回出張に出ている社員の処理をどのように行うかです。このあたりを意識してマクロを読み解いてください。

	1	2	3	4	5	6
1						
2			社員別　出張旅費明細			
3						
4		社員名		森龍之介		
5						
6		年	月	日	旅費合計	
7		11	12	3	76,000	
8						
9						
10						
11						支払総額
12						76,000
13						
14						（経理課）

＼出張報告書／月別出張明細＼社員別明細／

●月別明細へ転記のマクロ

```
Sub 出張処理()
    Set 報告 = worksheets("出張報告書")
    Set 月別 = worksheets("月別出張明細")
    Set 社員 = worksheets("社員別明細")
    社員名 = 報告.cells(4, 2)
    年 = 報告.cells(8, 2)
    月 = 報告.cells(8, 3)
    日 = 報告.cells(8, 4)
    運賃 = 0
```

```
For 行 = 7 to 11
    運賃 = 運賃 + 報告.cells(行 , 9)
Next
タクシー = 報告.cells(7, 12)
バス = 報告.cells(8, 12)
レンタカー = 報告.cells(9, 12)
宿泊費 = 報告.cells(10, 12)
飲食代 = 報告.cells(11, 12)
縦 = 6
Do until 月別.cells( 縦 , 2) = ""
    縦 = 縦 + 1
Loop
月別.cells( 縦 , 2) = 社員名
月別.cells( 縦 , 3) = 年
月別.cells( 縦 , 4) = 月
月別.cells( 縦 , 5) = 日
月別.cells( 縦 , 6) = 運賃
月別.cells( 縦 , 7) = タクシー
月別.cells( 縦 , 8) = バス
月別.cells( 縦 , 9) = レンタカー
月別.cells( 縦 , 10) = 宿泊費
月別.cells( 縦 , 11) = 飲食代
総額 = 鉄道運賃 + タクシー + バス + レンタカー + 宿泊費 + 飲食代
月別.cells( 縦 , 12) = 総額
報告.cells(4, 2) = ""
報告.cells(8, 2) = ""
報告.cells(8, 3) = ""
報告.cells(8, 4) = ""
For 行 = 7 to 11
    報告.cells( 行 , 7) = ""
    報告.cells( 行 , 8) = ""
    報告.cells( 行 , 9) = ""
Next
報告.cells(7, 12) = ""
```

```
        報告.cells(8, 12) = ""
        報告.cells(9, 12) = ""
        報告.cells(10, 12) = ""
        報告.cells(11, 12) = ""
End Sub
```

●社員別明細のマクロ

```
Sub 社員別()
    Set 月別 = worksheets("月別出張明細")
    Set 社員 = worksheets("社員別明細")
    縦 = 6
    Do until 月別.cells(縦, 2) = ""
      For 行 = 7 to 12
        For 横 = 2 to 5
          社員.cells(行, 横) = ""
        Next
      Next
      社員.cells(4, 4) = ""
      社員.cells(12, 6) = ""
      行 = 7
      If 月別.cells(縦, 13) = "" then
        社員名 = 月別.cells(縦, 2)
        年 = 月別.cells(縦, 3)
        月 = 月別.cells(縦, 4)
        日 = 月別.cells(縦, 5)
        旅費 = 月別.cells(縦, 12)
        総額 = 月別.cells(縦, 12)
        社員.cells(4, 4) = 社員名
        社員.cells(行, 2) = 年
        社員.cells(行, 3) = 月
        社員.cells(行, 4) = 日
        社員.cells(行, 5) = 旅費
        社員.cells(12, 6) = 旅費
        縦縦 = 縦 + 1
```

```
            Do until 月別.cells(縦縦,2) = ""
               If 社員名 = 月別.cells(縦縦,2) then
                  行 = 行 + 1
                  年 = 月別.cells(縦縦,3)
                  月 = 月別.cells(縦縦,4)
                  日 = 月別.cells(縦縦,5)
                  旅費 = 月別.cells(縦縦,12)
                  総額 = 月別.cells(縦縦,12)
                  社員.cells(行,2) = 年
                  社員.cells(行,3) = 月
                  社員.cells(行,4) = 日
                  社員.cells(行,5) = 旅費
                  社員.cells(12, 6) = 社員.cells(12, 6) + 総額
                  月別.cells(縦縦,13) = "*"
               End if
               縦縦 = 縦縦 + 1
            Loop
            社員.printpreview
         End if
         縦 = 縦 + 1
      Loop
End sub
```

2 図書館の蔵書管理のマクロ

(1) 処理の概要

① 図書の貸出し，返却をスムーズに行うマクロです。

「貸出窓口のデータ」及び「返却窓口のデータ」に基づき，「図書管理台帳」の内容を更新します。

	1	2	3	4	5	6	7	8
1								
2					貸出処理			
3								
4		貸出窓口						
5		図書登録番号	学年	組	名前	返却予定日		
6						年	月	日
7		110	3	2	井上 豊	11	10	30
8								
9								
10		返却窓口						
11		図書登録番号			返却処理			
12		110						

入力窓口 / 図書管理台帳 / 図書督促状

② 「図書管理台帳」に基づき，返却予定日が過ぎても返却のない生徒に「図書返却督促状」を発行します。

図書管理台帳

図書登録番号	貸出状況の別	借りている生徒			返却予定日		
		学年	組	名前	年	月	日
101	貸出中	1	6	山口とし子	11	10	30
102							
103	貸出中	2	3	×山×子	11	10	25
104							
105							
106	貸出中	1	3	×川×男	11	10	20
107							
108							
109	貸出中	1	3	×村×美	11	10	18
110	貸出中	3	2	井上 豊	11	10	30

（図書督促状の発行）

図書返却督促状

（督促年月日）　2011/10/21

学年	組	名　前
1	3	×村×美

貸出図書の返却が行われておりません。
他の利用者の迷惑になる場合がありますので、できるだけ早く返却してください

　　　　　　　　　　　　　　　　　図書視聴覚部担当

●貸出処理のマクロ

```
Sub 貸出処理()
  Set 窓 = worksheets("入力窓口")
  Set 台帳 = worksheets("図書管理台帳")
  番号 = 窓.cells(7, 2)
  学年 = 窓.cells(7, 3)
  組 = 窓.cells(7, 4)
  名前 = 窓.cells(7, 5)
  年 = 窓.cells(7, 6)
  月 = 窓.cells(7, 7)
  日 = 窓.cells(7, 8)
  縦 = 6
  Do until 台帳.cells(縦, 2) = 番号
    縦 = 縦 + 1
  Loop
  台帳.cells(縦, 3) = "貸出中"
  台帳.cells(縦, 4) = 学年
  台帳.cells(縦, 5) = 組
  台帳.cells(縦, 6) = 名前
  台帳.cells(縦, 7) = 年
  台帳.cells(縦, 8) = 月
  台帳.cells(縦, 9) = 日
End sub
```

●返却処理のマクロ

```
Sub 返却処理()
  Set 窓 = worksheets("入力窓口")
  Set 台帳 = worksheets("図書管理台帳")
  縦 = 6
  Do until 台帳.cells(縦, 2) = 番号
    縦 = 縦 + 1
  Loop
  台帳.cells(縦, 3) = ""
  台帳.cells(縦, 4) = ""
```

```
      台帳.cells(縦, 5) = ""
      台帳.cells(縦, 6) = ""
      台帳.cells(縦, 7) = ""
      台帳.cells(縦, 8) = ""
      台帳.cells(縦, 9) = ""
End sub
```

●**図書督促のマクロ**

```
Sub 図書督促()
   Set 台帳 = worksheets("図書管理台帳")
   Set 督促 = worksheets("図書督促状")
   縦 = 6
   Do until 台帳.cells(縦, 2) = ""
      If 台帳.cells(縦, 3) = "貸出中" then
         予定日 = 台帳.cells(縦, 7) * 10000 + 台帳.cells(縦, 8) * 100 + 台帳
                .cells(縦, 9)
      '※ 2行になっているが，実際のコードでは1行で書く
         現在日 = (year(now) - 2000) * 10000 + month(now) * 100 + day(now)
         If 予定日 < 現在日 then
            督促.cells(2, 7) = date
            督促.cells(6, 2) = 台帳.cells(縦, 4)
            督促.cells(6, 3) = 台帳.cells(縦, 5)
            督促.cells(6, 4) = 台帳.cells(縦, 6)
            督促.printpreview
         End if
      End if
      縦 = 縦 + 1
   Loop
End sub
```

あとがき

　マクロ作成の感想はいかがでしょうか。簡単だったと感じている人もいるとは思いますが，多くの方にとっては，それなりの手ごたえがあったのではないでしょうか。でも，VBAでいろいろな仕事ができるということを実感していただければ，今はそれで十分と考えております。なぜなら，このVBAは教職員の日常業務に密接に結びついており，好むと好まざるとこれから何度も利用する機会があると思うからです。つまり，実際の仕事においてVBAでマクロを作成することは，ごく普通のことになってくるでしょう。戸惑い・途方にくれながらもマクロを作成せざるを得ない環境は，おのずとプログラミング力を飛躍的に高めてくれる場でもあるからです。本書を読み終えたことで「道場内の練習試合」は終わりをつげました。後は外に出て，多くの「他流試合」に臨み，技（プログラミングテクニック）を磨いて本物の剣士（プログラマー）になられることを願うばかりです。

　本書はVBAマクロのすべてを紹介するのではなく，VBAマクロ作成のための「入口」まで誘導していくことを主眼に，その内容・方針等を決めました。VBAの解説書という体裁をとっているものの，その実体は「とにかくやってみよう」という実技書的性格の強いものです。本来なら，もっと掘り下げて詳しく説明すべき所も，あえて説明はさらりと簡単に済ませました。細部にこだわり過ぎて，全体が分からなくなるのを避けるためです。また，「データ型の宣言」のように，全く取り扱わなかったものもあります。決してその重要性を軽視している訳ではないのですが，実務において，当面考慮しなくてよいものは極力排して，簡潔明瞭なものにしようと心がけた結果です。

　土台は作ったので，肉付けはこれから時間を掛けてやっていただく，まさにそうした期待を込めて本書を企画しました。著者の意図が，必ずしもすべての方にご理解いただけるとは思いませんが，そうした意図を是非とも感じていただき，上手く本書を活用していいただきたいと考えます。校内研修等にもご指名あらば参加させていただき，微力ながら校務情報化に多少なりともお手伝いすることも視野に入れております。著書・著者ともども活用していただけることを，切に願っております。何はともあれ，皆さんはVBAの第一歩を踏み出したのです。目的意識を持って，次なる二歩・三歩を踏み出すなら，必ず目標のゴールに到着できるものと確信しております。校務ますます繁忙を極める昨今だからこそ，VBAがもたらす情報化の果実も大きいと考えます。

　2015年12月

井上　豊

【著者紹介】
井上 豊（いのうえ　ゆたか）
第一種情報処理技術者　元国際医療福祉大学准教授
〔著書〕『教師のための Excel VBA 活用法』（明治図書出版）
　　　　『実務に使えるサンプルで学ぶ ExcelVBA』
　　　　（カットシステム）
　　　　『大胆推理 ヒトの進化から探る知性の本質』
　　　　（東京図書出版）
〔共著〕『エクセルを使用した統計学』
　　　　（アイ・ケイコーポレーション）
Email：inoue250904@gmail.com

改訂版　教師のための Excel VBA 活用法
Excel を200％活用する！初級者のステップアップ読本

2016年 1 月初版第 1 刷刊　Ⓒ著　者　井　　上　　　豊
2021年11月初版第 7 刷刊　　発行者　藤　原　光　政
　　　　　　　　　　　　　発行所　明治図書出版株式会社
　　　　　　　　　　　　　　　　　http://www.meijitosho.co.jp
　　　　　　　　　　　（企画）木山麻衣子（校正）吉田　茜
　　　　　　　　　　　〒114-0023　東京都北区滝野川7-46-1
　　　　　　　　　　　振替00160-5-151318　電話03(5907)6702
　　　　　　　　　　　ご注文窓口　　　　　電話03(5907)6668
＊検印省略　　　　　　　組版所　株式会社ライラック
本書の無断コピーは，著作権・出版権にふれます。ご注意ください。

Printed in Japan　　　　ISBN978-4-18-204024-5
もれなくクーポンがもらえる！読者アンケートはこちらから →